励志名人传

之

冯凌◎著

篮球答案
Allen Iverson

北京时代华文书局

图书在版编目（CIP）数据

励志名人传之篮球答案 / 冯凌著 . -- 北京 : 北京时代华文书局 , 2023.12
ISBN 978-7-5699-5108-0

Ⅰ . ①励… Ⅱ . ①冯… Ⅲ . ①艾弗森 (Iverson, Allen 1975-) —事迹 Ⅳ . ① K837.125.47

中国国家版本馆 CIP 数据核字 (2023) 第 240982 号

LIZHI MINGREN ZHUAN ZHI LANQIU DAAN

出 版 人：陈　涛
选题策划：董振伟　直笔体育
责任编辑：马彰羚　张彦翔
装帧设计：王　静　贾静洁
责任印制：訾　敬

出版发行：北京时代华文书局 http://www.bjsdsj.com.cn
　　　　　北京市东城区安定门外大街 138 号皇城国际大厦 A 座 8 层
　　　　　邮编： 100011　电话： 010-64263661　64261528
印　　刷：河北京平诚乾印刷有限公司
开　　本：710 mm×1000 mm 1/16　　成品尺寸：170 mm×240 mm
印　　张：15　　　　　　　　　　　　字　　数：211 千字
版　　次：2023 年 12 月第 1 版　　　印　　次：2023 年 12 月第 1 次印刷
定　　价：88.00 元

本书图片由视觉中国提供。

"答案", 不可复制

在篮球界一直流传着这样一个经典故事, 四个热爱篮球的孩子找到了上帝, 上帝说: "我会满足你们每人一个愿望。"于是, 第一个孩子说: "我要比迈克尔·乔丹更好地扣篮。"他叫文斯·卡特。第二个孩子说: "我要比乔丹更好地后仰投篮。"他叫科比·布莱恩特。第三个孩子说: "我要比乔丹更好的天赋。"他叫特雷西·麦克格雷迪。第四个孩子说: "你就是上帝吗? 我要挑战你!"他叫阿伦·艾弗森。

你看, 这就是艾弗森故事的开篇。于是, 上帝也不知道该往他的愿望瓶里放些什么。最终, 上帝放进了一份叫"随机"的祝福。

出生在 20 世纪 70 年代的美国球星艾弗森, 有着和同时代大多数黑人孩子差不多的经历。那个时候, 美国种族歧视严重, 黑人的社会地位普遍较低, 他们因为没有受过良好的教育, 难以找到体面的工作, 只能在贫民窟挣扎求生。在单亲或者重组家庭长大, 被枪支和毒品滋扰, 这是他们不得不习惯的日常生活。

小时候的艾弗森也不例外, 他背负着早孕妈妈的期待, 在没有生父的陪伴下长大, 又目睹了继父因贩毒被捕。在简陋的房子、繁忙的母亲和病弱的妹妹的环绕中, 他无比渴望改变家庭与自己的命运, 而他找到的答案是——篮球。

对篮球的爱让他在少年时远离了毒品; 凭借篮球获得的知名度让他

在中学遇到麻烦时得到了外界的关注和帮助，因而有机会上诉，洗脱罪名；凭借在篮球上的天赋，他打动了大学恩师汤普森，获得了进入 NCAA（National Collegiate Athletic Association，全国大学体育协会）打球的机会，让他有可能进入 NBA（National Basketball Association，美国国家篮球协会，通常也指该协会主办的美国男子篮球职业联赛）球队的视野。

然而，那时的人们尚不清楚"篮球＋艾弗森"会给这个世界带来什么。1996 年选秀大会前，球探报告中有一张极简的卡片报告，上面关于艾弗森的信息言简意赅——强点：速度和得分，弱点：讨厌训练和非常讨厌训练。

在艾弗森的新秀赛季，曾经发生过"突破乔丹"这样令人难以置信的事情。联盟历史上最伟大的球员竟然被一名新秀戏耍了。乔丹是艾弗森最喜欢的球员，也是让他下定决心走上篮球之路的人。但当艾弗森的双脚踏上篮球场时，即使面对他的偶像，他也不曾有半分的胆怯和退缩。

赛场内，艾弗森出道即达到巅峰，不断刷新着各个奖项：最矮的状元秀、最矮的得分王、最矮的 MVP（Most Valuable Player，最有价值球员奖，也指获得该奖项的球员）……赛场外，艾弗森不愿个人的衣着、作风、性格、习惯被 NBA 的商业规则驯化，屡屡展现自己叛逆与不合作的一面；他和自己识于微时的"老铁们"过从甚密，哪怕他们给自己带来无穷尽的麻烦，他也不愿切断自己与既往社会关系的联结，因为他们曾经在那些黑暗岁月带给自己不可替代的温暖与陪伴。

艾弗森才华横溢却又桀骜不驯，从不恪守世俗法则，他特立独行，甚至有些离经叛道，真实到可以随时暴露他的裂痕。他不是一个完美得让人放心的偶像，他是 NBA 球星生产线中尺寸不合规的那一个，却总在闪耀着自己独特而璀璨的光辉。

NBA 是一个讲究传承的联盟，许多球员在初入联盟时都会被冠以"下一个某某"的头衔，但艾弗森却从来都没有被当成哪个"菜鸟"的模板。这不仅是因为艾弗森的性格不可复制，也是因为即便有人能模仿他的球技，却模仿不了他的气质。

所以，艾弗森到底是怎样的人呢？我想我们只能通过阅读他本身的经历去了解，没有人能够定义。

目录
CONTENTS

PART 1

从贫民窟到乔治城

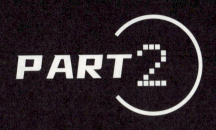

PART 2

赤子之心永不灭

PART 3

天使魔鬼不独行

"答案"路在何方

悲情英雄终落幕

PART6

费城之魂誉满身

后记

这就是"答案"

附录

PART 1

从贫民窟
到乔治城

第一章

The

童年，

毒品和暴力的街区

安·艾弗森是出生在哈特福德市的一个普通黑人女孩。家里人口众多，她排行老大。她外表健壮，性格活泼、开朗。如果说她有什么过人之处，略高于同龄人的运动天赋勉强算一项。15 岁的时候，她入选了贝泽高中女篮，打算一展身手。但她没想到的是，在球队例行的体检中，她被查出已经怀有身孕。孩子的父亲是她的同学，同样只有 15 岁的阿伦·布鲁顿。

还是少年的两人显然没做好共同迎接和抚养一个新生命的准备。麻烦的是，安也没法指望自己的父母，她的妈妈早在她 12 岁那年就过世了。为了照顾即将出生的孩子和自己，她搬去了弗吉尼亚州的汉普顿，投奔自己的祖母。安唯一的期待是能生个男孩，因为身边的朋友都跟她说，作为一个单亲母亲，生个男孩，她的未来才有依靠。

1975 年 6 月 7 日，在期盼与忐忑中，安迎来了新生命的降临。疲惫的生产过后，她惊喜而兴奋地打算好好看看医生抱给她的皱巴巴的小娃娃。打量一番后，安发现婴儿的手臂似乎比自己抱过的娃娃要长很多，篮球训练带给她的直觉让一个念头悄然而至：**"我要让他学打篮球！"**

就这样，这个婴儿的未来之路似乎被一道清晰的线划定。虽然孩子的生父没有陪伴在侧，但安把阿伦的名字烙印在了儿子的人生中，且把自己的姓氏传给了儿子。

阿伦·艾弗森，一个会在日后闪耀 NBA 的姓名就这样被确定下来。

艾弗森出生后不久，安就带着他回到哈特福德。有了孩子之后的安开始认真地打量起周围的环境。不得不说，周围的环境真的很糟糕，暴力、毒品随处可见，绝对不是一个适合她儿子成长的地方。独立和坚强的安没有逆来顺受，而是选择带着 3 岁的儿子离开。毕竟，阿伦·布鲁顿也不是一个可以托付的人。

安一个人带孩子的日子没过多久，就结识了新男友麦克尔·弗里曼。他们一起搬到了弗吉尼亚州一座叫纽斯特的小城，在斯特沃德花园公寓租了一套廉价的房子安顿了下来。不幸的是，这里的环境比他们选择离开的哈特福德更险峻，毒品交易和枪战火并甚至在白天也近在眼前。

安和弗里曼的生活似乎是外界环境的一面镜子，同样是一团乱麻。他们赚钱不多且收入极不稳定，但开支却随着两个女儿的出生水涨船高，特别是艾弗森的小妹丽莎先天体弱，还患有心脏病，日常的治疗费用又是一笔昂贵的花销。

"没有电，没有食物，有时没有水，有时会有水，但绝不会有热水。房间永远散发着腐烂的味道，墙壁潮湿得发霉。" 这就是艾弗森自小长大的家。对了，还有因为下水管经常破裂搞得满屋脏水而不得不长期穿着鞋套在屋内穿梭的妹妹们。

面对如此窘境，继父弗里曼这个没有什么谋生技能的平凡人毫无办法。家里的境况在他因为一场车祸失业后更是雪上加霜。虽然弗里曼内心非常想担负起养家的责任，但他能想到的点子实在是最差的那种。因为携带过量毒品，弗里曼在艾弗森眼前被抓，并在 1991 年被判入狱 22 个月，之后又因违规遭到等量的加刑。简单来说，最起码五年内，家里都指望不上他了。

对于软弱平庸的继父，儿时的艾弗森一度充满了"恨铁不成钢"的愤懑，但随着自己慢慢长大、体会到了生活不易后也渐渐释然。毕竟，作为一个普通的底层人，挣扎求生已经非常不易了。艾弗森常常能回想到的画面，是继父被生活压得透不过气、偷偷抹泪的辛酸和他带自己在篮球场练习投篮时的温馨。

相比于对艾弗森未尽一天养育之责的生父，在捉襟见肘的生活状态下依然竭尽所能维持家庭、将他视如己出的继父已是难能可贵。虽然有人说在上高中前，艾弗森的生命里没有一个可靠的男性榜样，但外在叛逆桀骜的他能保持骨子里的传统，并始终对家人充满爱的真心，与继父对他的影响是分不开的。

继父入狱后，艾弗森曾多次前往探望。在他上大学时的一次探监中，他发现继父在监狱里过得非常差，不但人被打了，衣服破烂不堪，甚至连鞋子都没有。见此状况，艾弗森当即就把自己的鞋脱给了继父，光着脚回了家。

家里的另一个长辈、担起家庭生活重担的母亲，则因她的勤劳、坚韧和远见，在艾弗森的眼中熠熠生辉。安是一个不喜欢抱怨并且永远有干劲的人，无论是教艾弗森如何豁达地看待他的生父与他们的分离，还是在四处打工维持千疮百孔的家，不管多么焦头烂额，她都不曾忘记培养儿子向前看的心。

幼年的艾弗森原本喜欢对抗更激烈的橄榄球，正是安不顾 9 岁艾弗森的哭喊，把他拖去学篮球。他在挣扎着不去篮球场时记住了妈妈的一句怒吼：**"这玩意儿能让你出人头地！"** 安为了省下电费给儿子买一双篮球鞋，点了一个月的蜡烛，还不断跟艾弗森说：**"一切都会好的，你一定会扬名立万。"**

回忆童年时，艾弗森曾说：**"我不觉得那（贫困的家）是地狱，只要看到母亲微笑着走过来，我相信天堂也不过如此。"** 在艰难困苦环境中彼此扶携向前的母子感情颇深，成名后的艾弗森非常孝顺，为了时刻记住母亲的恩情，他把母亲的画像文到了胸前。

面对家徒四壁的陋室、出门就是毒品和枪战的险象，艾弗森自幼就有一种必须挺身而出做个顶梁柱的自觉。事实上，他也是这么做的。艾弗森儿时唯一的白人伙伴说，艾弗森总是会在黑人社区里照顾他，让他免受欺负和排斥。稍大一些之后，艾弗森又开始打工补贴家用。

　　生活在贫民区的人们有着上流社会永远不会理解的游戏规则。比如，你必须在本地社区交友广泛，有一群能罩着自己的兄弟，才能让家人和自己平安。所以，艾弗森的朋友不可能是什么乖孩子，有的贩过毒，有的坐过牢，有的加入了黑帮。他唯一能做的是：让自己尽可能地远离那些违法犯罪。

　　让艾弗森更添改变家庭与命运斗志的关键，是身边好友的猝逝。那是一场常见的街头械斗，在这场冲突中，艾弗森一下子失去了 8 个朋友，包括他最好的朋友托尼。经历了这场打击之后，他跟安说：**"妈妈，我再也不要做穷人了！"**

　　自此，艾弗森给自己制订了一个通过篮球帮助全家走出困境的计划。利用篮球的天赋给家人买一幢大房子，也成了他的一个梦想。在一次接受采访时，艾弗森道出了那时的想法："为了全家，我必须成功。周围的人告诉我去 NBA 的机会只有万分之一，我回答他们说，即使失败了，我也必须尝试，我的家人需要我这么做。**我不要再回到那个脏水四溢的廉价公寓里去了！"**

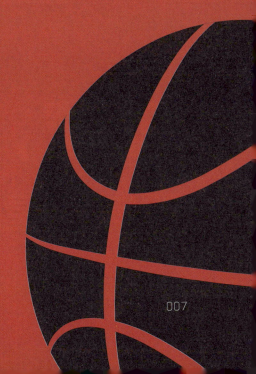

第二章

The

篮球，
双料明星的不得已

在汉普顿，艾弗森就读于阿伯丁小学，自小就在学校后院练习橄榄球，在那儿他结识了自己的橄榄球启蒙教练、后来成为他经纪人的加里·摩尔。

练习困乏之际，他们偶尔也打篮球放松一下。随着接触篮球的次数越来越多，艾弗森开始被这项运动的魅力吸引。但少年的他并没有那么快就显现出自己的天赋，他个子瘦小，也谈不上有什么惊艳的技术，打篮球的技巧更多的是通过观看长辈的比赛来学习。想去抢夺场地，还得在放学第一时间就冲到安德森公园的篮球场才行，否则那些"大人"可不会带着自己玩耍。

不过，艾弗森升入高中后，情况开始变得不一样。他动作灵活敏捷，运球行云流水，得分如探囊取物，当地人都觉得他是一个天才篮球少年。"那时，每个教练都想把我招入他的球队，于是他们互相威胁说我已经是他自己球队的人了。那感觉真不赖，在球场上连对手都会和我打个招呼，因为我有可能成为他们的队友。"

很快，他的发挥空间就从街头的篮球场变成了正式的篮球馆。高中时，他升入了妈妈的母校。让艾弗森开心的是，在这里他可以同时打自己最爱的橄榄球和妈妈看好的篮球。艾弗森凭借自己超强的个人能力成为篮球和橄榄球的双料明星，既是篮球场上指挥官一样的控球后卫，也是橄榄球场上领袖般的四分卫。

在校橄榄球队，艾弗森虽然主打四分卫，但因为在速度、敏捷、弹跳方面都有不错的天赋，他也能客串跑卫、开球回攻手或者防守后卫，堪称全能多面手。这些特点让他在篮球场上同样如鱼得水，他闪电般的突破与抢断，如鬼魅幻影，是对手最可怕的噩梦。

1991 年的夏天，作为四分卫，艾弗森率领学校的橄榄球队以不败战绩取得了球队 15 年来的首个分区赛冠军，并最终打进了美国 17 岁以下青年联赛的半决赛。而橄榄球赛季刚结束，他又一头扎入了篮球场与对手鏖战。以球队的成绩来论，这一年他们在篮球赛场的成绩虽然并没有那么醒目，但他的高中篮球教练贝里对他的表现却赞不绝口：**"既然人类都能站到月球上，为什么艾弗森不能打 NBA？对我来说，任何梦想都可能成真，我相信他能够创造奇迹。"** 与此同时，诸如杜克大学、肯塔基大学等传统篮球名校也已经开始密切关注艾弗森的表现了。

1992 年，缺席了橄榄球队季前热身赛的艾弗森差点儿被人们认为去专攻篮球了。但进入正赛后，他闪亮登场、光芒万丈，带领校橄榄球队再进一步，夺得了州冠军，当选当年的弗吉尼亚州 AAA 级橄榄球赛"最有价值球员"，并入选最佳阵容。

艾弗森虽然瘦弱，看似经不起橄榄球场上的剧烈撞击，但是他有极快的速度和良好的视野。在赛季中，他带领橄榄球队连续上演翻盘好戏，更用传球达阵、回攻达阵、冲球达阵、抄截的超全能表现吸引了许多大学球探的目光。当时诸如佛罗里达州立大学、北卡罗来纳大学、马里兰大学、弗吉尼亚大学等学校的球探都来现场考察过艾弗森，给予他极高的评价，甚至还试图提前招募。他橄榄球队的教练丹尼斯·科兹洛夫斯基就表示：**"如果他成为职业橄榄球手，一定会是绝对的明星。"** 他的老乡、NFL（National Football League，美国国家橄榄球联盟）包装工队的四分卫阿隆·布鲁克斯也曾经这样夸赞过艾弗森："我们弗吉尼亚州最好的四分卫，已经不在橄榄球领域了（指艾弗森去打篮球了）。"

即便在橄榄球场取得了这样的成绩，艾弗森依然顾念着篮球。橄榄球冠军赛结束后的第三天，艾弗森就站到了篮球场上。在首场高中联赛中，他独得 37 分战胜对手。整个 1992—1993 赛季，他在篮球上的成绩单是：**场均 31.6 分、8.7 个篮板、9.2 次助攻**。在这个赛季，艾弗森总共得到了 948 分，改写了 20 年前摩西·马龙创下的纪录。而摩西·马龙正是从高中直接加入 NBA 并最终步入 NBA50 大巨星之列的一代传奇。外界对艾弗森的期待顺理成章地水涨船高起来，而此时一向对他称赞有加的贝里教练却异常平静："我知道他的能力，但这点成绩不足挂齿，他还要面对更艰苦的训练和比赛。"

1993 年，是艾弗森高中体育成绩登峰造极的一年，他取得了球队和个人表现双丰收的惊人成就：**不但带领学校橄榄球队和篮球队分别得到了弗吉尼亚州的总冠军，同时自己还获得了橄榄球和篮球的年度球员。通向未来的两条金光大道正在他的眼前缓缓铺开，似乎无论他选择走哪一条，都会迎来万众的欢呼与喝彩。**

但卓越的个人和卓越的领袖之间，并不一定能完全画上等号，这一点可以从他高中时代和两支队伍主教练的日常相处上窥见一斑。

在一年高中橄榄球锦标赛决赛的前夕，艾弗森所在的高中校队第二天会遭遇客场作战的挑战，主教练科兹洛夫斯基按照常规安排了赛前的适应场地训练。但当天的天气条件很差，气温很低，还伴着小雨。好胜心极强的科兹洛夫斯基仍旧坚持让队员在雨中跑操和训练。轮到艾弗森跑战术时，他只是向后稍微挪动了两步，却始终没有把球传出去。起初，科兹洛夫斯基以为艾弗森没有找到合适的传球路线，但三档进攻后他忍不住发了火。

科兹洛夫斯基是个非常传统和老派的教练，为了让艾弗森认真地对待训练，他曾经送给艾弗森一本名为《心理控制术》的书，目的是让他了解：日复一日的枯燥重复训练可以生成肌肉与神经的记忆。对于球员来说，有些技术就是让人可以熟练地通过想象去完成的，这就是所谓的"习惯成自然"。他曾对艾弗森说："在你打球的时候，当你训练到一定的娴熟程度，只需要把它表达出来就可以了，拥有这种能力的人是不可阻挡的。"

但教练的意图似乎被艾弗森领会错了，他反而变得更我行我素。在他的理解里，心理控制是不要刻意掩饰，按照自己内心率性而为。所以，在和教练就训练问题发生冲突时，他完全没有考虑到球队的纪律和两人位置上所应担负的责任，而是固执地表示："教练，今天太冷了，我们就不该训练，而且这场地也太湿了，这样训练没效果。"

被激怒的科兹洛夫斯基不但把他赶下了场，甚至放言将在第二天的决赛中雪藏他。直到队友哈维·冈恩和助理教练前去求情，科兹洛夫斯基才在比赛前一刻同意让艾弗森出场。在场上，憋足了劲的艾弗森无人能挡，他在防守端抄截了对手的两个球，在进攻组里传出了两次达阵传球，在一次弃踢回攻里全能的他还狂奔了五六十码（1 码＝ 0.9144 米），直接完成了达阵。最终，艾弗森带领球队以 27 ∶ 0 狂胜对手夺冠，成了学校的风云人物。当地的媒体采访问他还有什么愿望时，艾弗森豪言道：**"我们还需要一个篮球冠军！"**

刚拿到橄榄球冠军的艾弗森回到篮球队报到后，就立刻和篮球队的教练贝里约饭庆祝。贝里是个大大咧咧的人，不像科兹洛夫斯基那么严谨死板。他和艾弗森私交极好，在了解到艾弗森有时候要帮着照顾妹妹可能会导致训练迟到后，他经常开车去家里接艾弗森。但即便有着这样深的师徒之情，他们因为篮球而产生的冲突也丝毫不比橄榄球少。

在一场比赛中，两人甚至当着众人的面吵了起来。贝里埋怨艾弗森只顾自己单干，而在队友面前被指责的艾弗森则根本不服贝里的指挥，一意孤行。一个暂停之后，贝里换下了已经独得 29 分的艾弗森，即便球队落后也没再让他上场。赛后贝里对艾弗森说了一番分量很重的话："虽然比赛的结果是输了，但你坐在板凳上的时候，球队打得很流畅，你好好反省下吧！"

赛后的更衣室里，和他要好的队友没人站在他的一边。大家纷纷指责：他有时候打球的确过于独断专行，在所有的事情上都认为自己是正确的，从来听不进去教练和大家的意见。对于队友的好言相劝，带着情绪的艾弗森根本没法消化接受，接下来的比赛，他要么是看到机会也不投、故意分球，要么就是进入孤胆英雄的砍分模式完全看不到队友。依靠超强的个人能力，艾弗森虽然在之后的比赛中带领球队取得了 20 连胜，但作为控卫的张弛之道，他却始终没有参透。

不过，在讲究天赋的运动世界，这些软性的竞争力常被忽视，艾弗森的弱点也仿佛是黑夜里的星星，只要他亮出自己的敏捷与速度的底牌，就仿佛太阳的光辉一样把所有的不足都遮蔽了。

像艾弗森这样少年时代身兼多项的运动全才，在 NBA 成名的球星里并不鲜见。他们中有的属于个人爱好，有的能达到职业水准，其中的大多数人也是直到高中毕业、大学甚至选秀时才因为种种原因选择了篮球。而艾弗森最终选择篮球，有一部分是客观因素，另一部分则是来自上天最好的安排。

从家境上讲，艾弗森的继父入狱，母亲的收入极其有限，家有两个妹妹，其中一个还体弱多病，在上课和训练之余，艾弗森经常要分出精力回家照顾她们，**选择打篮球进入 NBA，未来获得的预期收入大概率会高于进入橄榄球联盟 NFL，这对出身底层家庭的他来说极为重要。**

再者，**橄榄球的暴力撞击对身体的伤害远大于篮球**，艾弗森统治赛场主要依靠运动能力，作为一个四分卫，他 75 千克的体重并不符合 NFL 主流要求，1.83 米的身高更适合配合区域防守，单独盯防高大的外接手会很吃力。如果艾弗森借助传球能力，成为双威胁的四分卫，他与同身高的明星级四分卫相比，体重轻了至少 20 千克，受伤风险陡增。所以艾弗森的母亲不赞成他选择橄榄球也并非感情用事，而是充分考虑了儿子的身体条件。

　　说是老天最好的安排，应该说选择了篮球而非橄榄球的艾弗森更可能在篮球场上闯出一片天地。作为橄榄球的四分卫，最重要的能力不是脚下移动速度而是传球，艾弗森过人的速度天赋在帮助他成为伟大四分位的作用上可能加成有限，不能让他把天赋发挥到极致，很难超越其他同样拥有各种天赋的顶尖球员。而且，NFL 中跑动型黑人四分卫的职业生涯普遍不长，想要在这个领域打破各种纪录，书写自己的历史，没有办法耗足年头的话，可能性寥寥。

　　另外，艾弗森是典型的出身于贫民窟的黑人孩子，他重感情、讲义气，但是早年的街头生活经历也让他比较漠视规则和权威。相对来说，篮球世界比较能容忍这样的个性球员，而橄榄球更加强调团队和纪律性，而且要求每个人各司其职、做好属于自己角色的工作，艾弗森这种孤胆英雄的性格，很可能不会得到主流橄榄球的偏好。

　　因此，艾弗森的身体条件和性格都会限制他在大学橄榄球领域的发展，并进一步推高他进入 NFL 的难度，而且同时代不是那么流行黑人四分卫，所以他在 NFL 成为超级巨星的机会也相当渺茫。

　　但橄榄球带给艾弗森的最大财富，是培养了他对场上局势的直觉，这对篮球运动而言，是一种相当珍贵的素质。而且，橄榄球在锻炼了他的敏捷之余，也锤炼了他敢于对抗的心理。试想，在篮球场上有一个身高不高却个性坚韧、善于利用自己速度和节奏的技巧大师，是不是更让世人充满期待？所以，哪怕艾弗森自己和他身边的人经常感慨"虽然他在篮球上成绩斐然，但其实橄榄球更适合他"，但对艾弗森来说，篮球已经是一个足够适配他的"答案"了。

第三章

The

伯乐，

出狱后的坚定依靠

1993 年，既是艾弗森的辉煌之年，也是他的挑战之年。特别是这一年情人节那天发生的事件，让他记忆终生。那一天，艾弗森和他的几个黑人朋友在汉普顿一家叫"环线"的保龄球馆玩耍。当时的艾弗森正以所在高中绝对主力的身份备战弗吉尼亚州高中橄榄球和篮球比赛的冲冠之旅，是他黑人朋友眼中的绝对荣耀。兴致来时，艾弗森和他的朋友们对话与喝彩的声音很大，引起了其他顾客的不满，好几次被场馆人员要求安静一些。

这时，一个 17 岁的白人女孩走到艾弗森身边对他挑衅地说："黑鬼，你对人种有什么看法？"都是血气方刚的年轻人，显然很难通过言语来和平解决此事。艾弗森的朋友们迅速抓住这个女孩理论，一群白人少年见状围了过来，相互间的对战，从口头和推搡的混战，很快演变为肢体冲突，保龄球馆的椅子也被他们拿来作为互相攻击的武器，一场喧嚣的战斗爆发了。白人少年与黑人少年相互殴斗，本是几个人的口头争端，最终却升级为 50 多人参与的群架，超过 20 人在这场激战中身负重伤。

事件刚平息时，还没有立即发酵出严重的后果。事发一周后，艾弗森还以场均 31.1 分、11 个篮板和 10 次助攻入选 DE 杂志的全美高中篮球第一阵容。但仅过了两天，艾弗森就因涉嫌斗殴而被捕。不过，当时他所在的贝泽高中仍然允许他参赛，他率队相继夺得了橄榄球和篮球的州冠军。然而，当喜悦趋于平静时，公众将视线重新集中到了斗殴事件上。

汉普顿地方法院在审理时采信了检察官在起诉状上所称"艾弗森用一把椅子猛击一个女孩的头部"的证词，当时有超过二十个白人证人声言"目击艾弗森用椅子砸人"，但他们对那把作为凶器的椅子的形容五花八门。在疑点重重中，1993 年 9 月 8 日，法院对此案做出了判决：参与群殴的人中，四名黑人被判入狱 15 年，其中**年仅 17 岁、没有任何**

犯罪前科的艾弗森被判聚众滋事致残罪，被处以 15 年监禁。

这个判决打碎了艾弗森所有的梦想。但坚韧的他没有放弃，在服刑的纽波特纽斯城农场监狱，艾弗森表现很好，他说："没有水电、没有食物，这些我都能忍受，但我不能接受莫须有的罪名，我不会就此罢休。"当时的守卫比利回忆说："他明显和其他犯人不同，他知道自己应该干什么。许多人都认为他受到了不公的审判，包括我在内，但他从来都不抱怨什么。"

在汉普顿当地，对艾弗森的审判引发了一场有 13 万人参与的关于种族歧视问题的大讨论。当地专栏作家在记述此事时就写道："在此之前，只有马丁·路德·金的遇刺引起过如此大规模的讨论。"

人们争论的焦点在于：一起牵涉五十多人的斗殴事件发生之后，只有四名黑人少年被捕，却没有一个白人。美国有色人种促进会的协调员认为："这太奇怪了，警方在众多参与者中挑出几个黑人少年，而且其中还包括家喻户晓的人物。"黑人公众们普遍认为，如果参与斗殴的全是白人少年，肯定不会有人被判入狱。

后来，警方从保龄球馆调出当时的录像带，发现群殴场面里并没有艾弗森的身影。之后，又有八个证人陆续承认，他们在那群黑人少年里只认识艾弗森，而且他们认为所有黑人长得都差不多。而从程序回避和严谨性上，初审的审理过程也有很多瑕疵，比如负责审理此案的法官是一个受伤白人小孩的家庭密友；而检察官在起诉书中仅仅描述了黑人小孩如何粗野，却只字未提激怒了艾弗森及其朋友的那个侮辱性的"黑鬼"称呼。

艾弗森觉得最无辜的是："上帝呀，球馆的人都认识我，我怎么可能在大庭广众之下用椅子伤人还满不在乎呢？他们简直是疯了，我怎么会袭击一个女孩，我宁愿他们指控我打了一个男人。"

直到现在，也没有人能完全说清那个情人节之夜到底发生了什么。但似乎参与审判的人都带着一种似是而非的态度认为艾弗森有罪，没有人想过一个黑人是否在该案中受到了不公平的对待。

幸运的是，1993 年 12 月，在全国有色人种协进会（NAACP）的呼吁下，艾弗森仅在农场待了 4 个月便被弗吉尼亚州州长道格拉斯·怀尔德赦免，获得假释。地方官道格拉斯也对艾弗森给予了宽大处理：允许艾弗森在中学毕业后参加有组织的比赛。

在艾弗森假释两年后的 1995 年，弗吉尼亚上诉法院最终以证据不足为由推翻了当年的判决。他的档案中也不会再留有关于此事的任何记录。

艾弗森说：**"这件事让我看到了生活的阴暗面，我不以为耻，这告诉我要抓住机会，很多东西稍纵即逝。我还懂得了任何时候都要相信自己，要和命运抗争。"**

在假释之后和上诉裁决到来之前的时段，艾弗森不能在贝泽高中参加体育比赛，当时还没有被证明无罪的他，只能在一所为高危学生开设的专门学校理查德·米尔伯恩高中完成第四年的学业。

1994 年，艾弗森高中毕业，参加耐克训练营并当选 MVP。曾在篮球夏令营中执教过艾弗森的鲍伯·威廉姆斯说："艾弗森只是非常骄傲，这一点让很多人不舒服。他是个很有信念的人，为了自己的某种原则可以不顾一切，但他绝不是个罪犯。"

由于艾弗森曾经的入狱记录，他在高中毕业选择大学时并没有太多空间，因为很多名校已经不再考虑他了。从进入监狱的那天开始，艾弗森就清楚地知道："很多大学都不会再接受我了，但这也好，让我清楚怎样才能成功。"

关键时刻，为了儿子的前途，艾弗森的妈妈安站了出来。她自己驾车赶赴首都的乔治城大学，主动找到了该校篮球队的主帅约翰·汤普森，希望他能给艾弗森一个机会，帮一帮这个迷途知返的孩子。

汤普森是个黑人教练，性格刚硬倔强，在研究了艾弗森在贝泽高中前三年的表现并对他的家庭进行了深度了解后，他同意让艾弗森加入乔治城大学霍亚篮球队，并为他争取到了一个全额的篮球奖学金名额。

离开潮湿肮脏带有死亡味道的街区、来到了华盛顿的艾弗森，在乔治城大学如鱼得水。他在大学比赛的第一场亮相之战中技惊四座，让名帅卡利帕里认定艾弗森会成为本年度最让人激动的家伙。

相比赛场上的呼风唤雨，更让艾弗森觉得有归属感的是，他终于找到了最懂自己的人——教练汤普森。五十岁开外的汤普森担任大学教练已有二十余年。他在 NBA 名不见经传，选秀被球队看中已是第三轮的事，两年短暂职业生涯的主要角色是在波士顿给"指环王"拉塞尔当替补，总共打了 74 场比赛，有 771 分钟上场时间。但因为沾了强大球队的光，汤普森还是摘得了两枚总冠军戒指。就是这些资历，能让他在大学当教练时拍着胸膛对自己的学生说："你们难道比拉塞尔更强吗？还是按我说的去做吧！"

相比于跑龙套的 NBA 生涯，作为教练员的约翰·汤普森无疑更成功，培养出了尤因、穆托姆博和莫宁三大中锋。而他与艾弗森的一段师徒情，也成为他教练生涯识得千里马的又一段佳话。他是难得的既不纵容艾弗森、又能呵护他敏感内心的父亲一般的存在。

大一时，还曾摇摆在两项运动项目间的艾弗森曾问过汤普森教练，能否去学校橄榄球队试训。汤普森教练干脆地说："想去打橄榄球是吧，赶紧从老子眼前消失，滚！"挨了骂的艾弗森回过神来，能打大学篮球已经是汤普森教练的一份恩情了，怎么能不全心全意回报教练的信任呢？从此，艾弗森断了对橄榄球的念想，更忠诚于对篮球和球队的投入。

而在面对指向艾弗森尊严的挑战时，汤普森教练却是第一个为他出头

的可信赖依靠。在艾弗森大学一年级中期的一场比赛中，乔治城大学客场挑战维拉诺瓦大学，这本身就是一场火星撞地球的较量，两队在那个赛季的排名胶着，又让这场对决更加充满了火药味。穿过球馆通道、来到场上准备热身的乔治城大学队员的状态非常不错。球馆现场人声鼎沸，队员们蓄势待发、跃跃欲试。

就在此时，艾弗森的队友注意到了什么，将手指向了看台上的人群。艾弗森抬眼看到的情景让他永生难忘。看台上四个举止招摇的观众喧哗不已，他们手上戴着手铐，脚上戴着脚链，身上则穿着监狱里常穿的橙色衣服，手里还举着标语，上面写着："阿伦·艾弗森，下一个 MJ（迈克尔·乔丹）。"不过他们在"MJ"上打了一个大大的红叉，边上写着"OJ"。O.J. 辛普森是美国著名橄榄球运动员，因涉嫌杀害妻子被警方逮捕，后经过"世纪审判"被无罪释放。

艾弗森的心明显往下一沉，虽然他从来没有因为自己的出身和过往而感到窘迫，但由于他和辛普森的出身、经历非常相似，一时间羞愤难当。回顾这段经历的时候他说自己当时心里想的是："你们就不能让年轻人有一个重新来过的机会吗？我就不能像个正常小孩那样，进了大学，打几场篮球比赛吗？"

见此情景，汤普森教练的处理得体又坚定，他没有直接勒令球馆没收那些人手里的标语，也没有当众失态、冲着那些人大喊大叫。他只是平静地走到队员们身边，挨个跟队员说"不要担心一会儿的比赛"，然后带领球队高昂着头径直离开了赛场。

在队员离场后，汤普森教练又一个人折返了回来，平静地告诉裁判："嘿，我们这么做没有不尊重人的意思。我们没有对你们表示不尊重，但我希望你们帮我做个事，你们要是不把看台上那四个人渣弄走，我立马放消息出去——我们今晚要罢赛。听明白了吗？"

对于艾弗森来说，汤普森教练是真正尊重他并且理解他的人，所以一直能在他心里有一个特殊的位置。虽然教练不可能事事都护着艾弗森，但在这件事上，是汤普森的努力维护了艾弗森的尊严。汤普森教练常常拉着艾弗森说：**"孩子，让我们来对抗全世界吧！"** 这潜移默化的影响也成就了艾弗森人生的信条和准则——他的世界里，没有妥协和屈服，没有人可以凌驾在他的命运之上，对手不可以，种族歧视不可以，世俗的偏见更不可以。

在汤普森教练的悉心教导下，艾弗森大学篮球的第一个赛季异常成功，取得了场均 20 分、5 次助攻的成绩，得到了年度最佳新秀，并带领球队打入了 NCAA 锦标赛的 16 强。他的第二个赛季，更是得到场均 25 分的个人数据，并带领球队打进了 NCAA 的 8 强。当时，专业的体育记者们都说："只有康涅狄格的雷·阿伦能与艾弗森相提并论。"

两个赛季结束后，艾弗森本该继续在 NCAA 的统治之旅，但因为小妹的病情越发严重，已经交不起医药费，艾弗森束手无策，只好跑到篮球馆找到汤普森教练，告诉他自己想结束大学篮球生涯，提前参加 NBA 选秀。

汤普森教练内心非常矛盾，一方面他自己深知乔治城大学篮球队如果失去了艾弗森，将不可能赢得总冠军，甚至分区赛都会被早早淘汰，他内心无比希望自己的爱徒能给母校添一座冠军奖杯。而从他的私心来讲，他明白艾弗森只要参加选秀，一定是 NBA 的状元大热门人选，再也没有机会指导这么优秀的球员，没有机会帮艾弗森改掉坏习惯和造就更完美的技术，是他最大的遗憾。但另一方面，NCAA 制度让这个孩子依旧一贫如洗，每次和艾弗森一起回家，他都无法对艾弗森家里艰难的生活状况熟视无睹。

"孩子，这个问题我们讨论过很多次了，我觉得上完大学四年是对你帮助最大的，想想这里毕业的其他球员，他们现在都还在说对他们提升最大的就是大学时期。"汤普森教练还是想再努力劝导一下，但看到艾弗森说起小妹病情时含着热泪的双眼，他再也说不出更多理智的分析。汤普森教练闭上了眼睛，缓缓地说："去吧，孩子……这一次，我同意了。"

把艾弗森送往 NBA 之路的汤普森，做到了他能做的所有事。他帮艾弗森联系了乔丹的经纪人大卫·法尔克，由于之前的三位功成名就的弟子都是由他来打理，汤普森对他极为信任，所以这次也亲手将艾弗森托付给了他。艾弗森明白教练所有的心意，两年来，他一直把汤普森当成自己的父亲。有一个这样的教练，是他这辈子感到最幸福的事情。

两年成功的大学篮球生涯后，被认定是全国第一后卫的艾弗森正式宣布参加 NBA 选秀。1996 年 3 月，艾弗森在《体育画报》上展示了自己左二头肌上文的**"答案"**字样，那是他汉普顿的穷兄弟们为他起的绰号。**现在，他要带着它冲向新世界了。**

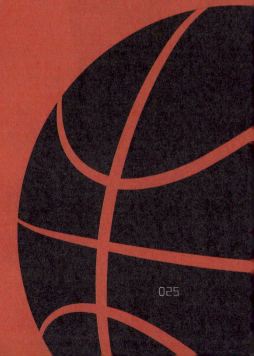

现在
他要带着它
冲向新世界了

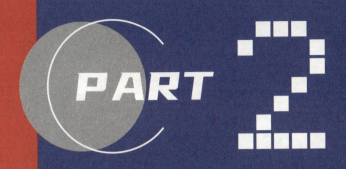

PART 2

赤子之心
永不灭

第一章

THE

最矮状元，

击败乔丹

THE Answ

在艾弗森之前，乔治城大学教练汤普森手下没有一位球员在读完四年大学之前参加选秀。但对艾弗森而言，无论是给妹妹治病，还是抚养自己渐渐长大的女儿，都需要钱，他等不了。所以，一份大合同是证明自己和改善家庭的必需品。他对状元的渴望，不言而喻。

但 1996 年是个黄金年份，强大的新秀阵容让人眼花，科比、纳什、雷·阿伦、坎比、沃克、马布里……每一个新星看起来都有做建队基石的潜力。和他们相比，艾弗森的身高条件和之前的牢狱经历让他处于劣势，而这也让选秀增加了很多变数。

特别是当年手握状元签的费城 76 人队，体能教练出身的球队总裁帕特·克洛斯看起来实在不像是个靠谱的人。在一众衣冠楚楚的 NBA 高层中，他非常引人注目。这倒不是因为他特别高大英俊，而是他经常身着奇装异服，故意露出胳膊上的文身，时不时还理一个光头，骑一辆拆掉了消声器的大马力摩托车，这样的一位总裁会如何使用手里那张左右一群人命运的状元签，没人知道。

从打造阵容的角度看，76 人队想要个组织后卫。所以，他们陆续邀请艾弗森、马布里和科比进行了试训。科比的父亲是意大利篮球联赛的明星球员，科比从小就得到了最好的篮球启蒙，家庭完整和谐，没为钱发过愁。成长在意大利的他，身为一个黑色人种的外国人，打篮球无非是为了摆脱孤独和为自己找回"被本地人欺负"的面子。所以，在试训中科比对76 人队并没有表现出特别的渴望，交谈时还一直摆弄自己昂贵的太阳镜。这样的姿态让克洛斯有点不爽，随后他把目光投注到了艾弗森身上。

艾弗森拥有所有贫民窟孩子身上那种强烈的期待改变自己和家庭命运的责任感，但另一方面，他的"黑历史"也让克洛斯有所顾忌，外粗内细的克洛斯一开始就派人调查了艾弗森的详细状况，甚至一路跟踪艾弗森到了他继父所在的监狱。

克洛斯见到艾弗森的第一句话就是：

"你有没有参与过继父的贩毒活动？"

艾弗森斩钉截铁地回答：

"绝对没有！"

打扮奇异的两人就这样在酒店大堂里进行着交谈。旁边的服务员可能永远都不会把他俩与 NBA 球队总裁和选秀状元的大热门联系在一起，反而会猜测这是不是两个小流氓正在商量什么坏主意。

在试训时，艾弗森表现出了十足的诚意，态度也温和谦逊。但决定这个选秀签，是克洛斯执掌球队后的第一件大事，他始终举棋不定。直到选秀大会的前几天，克洛斯骑着轰鸣的摩托车在费城的大街小巷穿行时，无论是便利店的大叔还是执勤的警察都向他高喊出"艾弗森"的名字，终于让他坚定了自己的选择。

1996 年 6 月 26 日，NBA 第 50 届选秀大会在新泽西州东卢瑟福举行。待在小绿屋里的艾弗森虽然是媒体眼中状元的最大热门人选，但真正到了这个时候，他依然如坐针毡、不由自主地紧张。艾弗森身穿一身浅褐色、看起来有点不太合体的大西装，系着一条黑底白格的领带，左手戴着一块金表，右手戴着一条金链子，两个小指头各挂上一个大戒指，左耳还戴着一只耳钉。相比身边打扮得帅气得体的科比和纳什，他一点儿也不觉得自己的装束有什么奇怪。那会儿的他只关心接下来 NBA 总裁斯特恩会第一个念出谁的名字。

在万众期待的目光中，斯特恩上台打开信封，说出了足以让艾弗森铭记一生的那句话：

"1996 年的第一选秀权，费城 76 人队选择的是——阿伦·艾弗森，来自乔治城大学的二年级后卫。"

艾弗森长舒一口气，克洛斯也会心一笑。就这样，艾弗森成为 NBA 历史上最矮的选秀状元，与 76 人队签下了 3 年 894 万美元的合同。

当时外界对艾弗森的质疑颇多。毕竟在篮球场上，身高永远都是一项重要的身体数据，在长人如林的 NBA 赛场上更是如此。数据统计显示，NBA 球员平均身高在 2.01 米。很多人都不相信这位只有 1.83 米的年轻人能在 NBA 有所作为。

很快，艾弗森迎来了自己的第一场 NBA 比赛。他首秀的对手是密尔沃基雄鹿队。在全场比赛中，他的中投、过人，以及电光石火般的突破，都让人眼前一亮，完全没有作为新秀的紧张和青涩感。**整场比赛他 19 投 12 中，命中率高达 63%，拿到全场最高的 30 分，还贡献了 2 个篮板、6 次助攻、1 次抢断。** 仅通过一场比赛，艾弗森就奠定了自己的球队地位，成为 76 人队的新王。虽然没能带队取得胜利，但足以让质疑他的人对他刮目相看。

1996 年 11 月 2 日，进入联盟的第二场比赛，艾弗森随队飞赴客场挑战上赛季冠军芝加哥公牛队。虽然两支球队的实力天差地别，但这丝毫不影响球迷观看比赛的热情，因为这场将上演 *"答案"艾弗森与"篮球之神"迈克尔·乔丹* 的强强对决。

乔丹是艾弗森一直以来的偶像。第一次与偶像同场竞技，艾弗森心里暗想："原来这就是迈克尔，我的偶像，我的英雄。"他忍不住像个粉丝一样细细地打量着乔丹，甚至连他脚上穿的球鞋都不曾遗漏。

此次对决，两人差距相当明显。乔丹拿下全场最高的 27 分，还有 5 次助攻和 4 次抢断，表现相当全面；而艾弗森整场比赛手感冰凉，13 次出手只命中了 4 次。最终，费城 76 人队以 86∶115 不敌芝加哥公牛队。面对新科状元的挑战，乔丹狠狠地给艾弗森这位"菜鸟"新秀上了一课。

不过，"菜鸟"终究会成长。在两支球队赛季中第二次碰面时，艾弗森真正地展现了自己的实力。这一次，艾弗森砍下了 32 分和 4 次助攻的统治级数据，而乔丹的得分是 31 分。

艾弗森是如何和他的偶像展开对决的呢？看看艾弗森留下的经典画面吧！**面对乔丹的防守，他不断变换节奏，左右手交替运球，乔丹也跟着他的节奏，不停地移动着防守脚步；艾弗森把球运到左手的一刻，球似乎粘在了他的手上，周围仿佛空气凝固、时间静止；突然间，他一个提速，晃过乔丹，旱地拔葱式地干拔命中。**

这一球，被外界赋予了足够的象征意义：街头风挑战学院派，新生代挑战传奇。那一夜，虽然 76 人队依旧输掉了比赛，但艾弗森在一对一的单挑中打败了他儿时的偶像，也让乔丹牢牢记住了这个"菜鸟"的名字。费城 3 号，从此被整个世界熟知。

整个 1996—1997 赛季常规赛，艾弗森场均能够拿到 23.5 分，是联盟自从 1990 年之后新秀拿到的赛季最高得分。进入到赛季末期，艾弗森在面对公牛队、老鹰队、雄鹿队和骑士队的连续 4 场比赛里分别拿到了 44 分、40 分、44 分和 50 分。在美国媒体评选的球员 6 大单周表现中，艾弗森以场均 44.5 分、4.3 个篮板、8 次助攻排在了这份榜单的第六位。和打出这些表现时都处于自己巅峰的其他球员不同，艾弗森的单周最强表演诞生于他的新秀赛季。这 4 场比赛后，他又在面对华盛顿子弹队的比赛中拿到了 40 分，连续 5 场 40+，艾弗森是历史上唯一在新秀赛季达此成就的球员。

值得一提的是，艾弗森不仅是个天生的得分手，也是个体力"怪物"。"旋风一周"的 4 场比赛里，他总共只休息了 7 分钟，整个新秀赛季的平均出场时间也超过了 40 分钟。虽然他以状元身份进入 NBA 的时候已经是相对成熟的 21 岁，但考虑到当时联盟的防守规则、内线盛世等因素，能够做到他这种程度依然称得上是震古烁今。

　　虽然 76 人队未能杀进季后赛，但艾弗森现象级的个人表现却让他星光璀璨。他入选新秀最佳阵容一阵，首次参加全明星周末"新秀大赛"，得到 19 分、9 次助攻，获得了当时的"最有价值球员"。常规赛结束后，又毫无悬念地拿到了当赛季的"最佳新秀"称号。很多年后，谈到当初的艾弗森时，和他同届、眼高于顶的科比都忍不住评论说："**现在的年轻人，真的不知道艾弗森当年有多强。**"

相比赛场内"不服就干"的简单直接，艾弗森赛场外需要应对的商务合作也多了起来。像是 NBA 知名球员熟悉的球鞋代言，很快成为他要考虑的首要问题。一般来说，NBA 当季的状元都会拿下当年最大的球鞋代言合同。报价到最后一轮，基本上是耐克和锐步的二选一。从合同金额上来说，两边的差距相当大。耐克倨傲的态度来自人人都想签它的底气，在他们看来，我们给了你加入耐克大家庭的机会，对你来说就是最好的奖励了，你还有什么不满足的？

但艾弗森从不名一文走到今天，绝不是会被什么大品牌震慑住的人。他反而更看重和锐步签约后，对方所给出的让他继续做自己的承诺。在与锐步公司会谈时，艾弗森看着对方递过来的合同书，笑着跟他们的谈判代表说："十年五千万美元，我做梦都不会想到你们觉得我值这么多钱。"

锐步公司的经理说："阿伦，你是我们最后一根救命稻草，奥尼尔让我们很受伤，我们希望你能打出漂亮的比赛，挽救公司。"接着他拿出一个设计渲染图说："来看看我们帮你定制的这双高帮球鞋，外观不赖吧？透明水晶大底，加入了为你量身打造的最新'蜂巢'减震技术，这能让你在移动和变向中游刃有余，后跟这里印的是你的球衣号码，上面是我们为你设计的专属标志。你不觉得它像一个字母'Q'吗？就是这双鞋的名字——'问题（Question）'，是我们为了反衬你的绰号'答案'搞的。相信我，它一定会成为鞋市最火爆的那款！"

通过这款球鞋，艾弗森被打造成了一个问题少年的形象。在追求个性化的年代，市场价值就来自特立独行。当其他球鞋公司都希望艾弗森融入他们的公司文化时，锐步显得与众不同。他们当时并没有自己的文化符号，便把艾弗森塑造成了公司的象征。在双方的共同努力下，他们联手创造了全新的文化——抬起头告诉全世界：**听好了，我有自己的价值，不会刻意讨好谁。**

赛季中，艾弗森穿着这双"问题"球鞋晃过了乔丹，又一次上了头版头条，但这一次不是因为他的新款球鞋，而是因为他赛后的发言激怒了公牛队的老将罗德曼。本来艾弗森那句"在球场上，我不用尊重和惧怕任何人，哪怕那个人是神"的言论并没有那么刺耳，但匆匆只听到中间一句的罗德曼却勃然大怒，对转述的记者说："艾弗森这小子竟敢说这种话？你们媒体是干吗的？就放任他这样胡闹吗？你们还会不会做一个体育记者了？！"

而在生活中，"人红是非多"的定律在艾弗森身上是再适用不过。自从他当选状元秀以后，家里的朋友就多了起来，他们或是艾弗森的发小，或是他的远房亲戚，甚至连朋友的朋友也常去他家聚会。

1997 年 8 月的一天，凭借八竿子也打不着的关系搭上艾弗森的希尔和斯特沃德与艾弗森一同喝了几杯酒，见面结束后，希尔驾驶着艾弗森的豪车载着两人在新肯特城的公路高速狂奔。在他们因为超速被拦下搜查时，巡警发现了枪支和毒品。在警局，酒醒了大半的艾弗森立刻明白自己被这两个只有一面之交的人坑了，随即澄清了和他们的关系。

听到消息后，76 人队总裁克洛斯立刻跑到警局，花了两千美元把他们保释出来。"之前我跟你说过，交朋友要小心点，他们总有一天会把你拉下水的。"克洛斯警告艾弗森说。"不！他们不是我的朋友，我的朋友才不会连累我，他们会在我最无助的时候帮助我的。我真的是蠢到家了，让不了解的人上了自己的车，而且都不知道他们带了什么在身上……"

对艾弗森来说，那些从小和他厮混、在他坐牢时仍对他不离不弃、给了他温暖的铁哥们儿是他家人一样的存在。因为这些，他愿意帮助他们一辈子，而这一个性也给他的未来埋下了无数隐患。

第二章

THE

千胜教头，
救火费城

相比于艾弗森场外的小麻烦，克洛斯更不满的是 76 人队在 1996—1997 赛季的表现——惨淡的 20 胜 62 负。"我们可是刚摘得了状元的球队，内线有往届状元科尔曼，还有去年的探花斯塔克豪斯，并不赖啊。"克洛斯心里想。看来光有球员还是不够，行动力超强的他很快在休赛季做出决定：解雇球队的总经理布兰德·格林贝格和主教练约翰尼·戴维斯，要对球队做个改头换面的大手术。

同样度过了一个极为失望的赛季的艾弗森，也期待着新教练的到来："我们需要的教练是既能清楚地告诉我们怎么做，又能带领我们驶入快车道的人。当然，他最好能比较好相处，这样大家更容易沟通。看我全联盟最高的失误数就知道我是个'菜鸟'，还有很长的路要走。我自己可搞不定这些，我需要一位导师，要是能像大学时的汤普森教练一样就太好了。"

在教练的选择上，克洛斯一开始中意的人选是大学篮球界的知名教头、带领肯塔基大学夺得 1996 年 NCAA 冠军的里克·皮蒂诺。但波士顿凯尔特人队为了挖到他，不但让他担任主教练，还让他兼任球队总经理、执行总裁和主席的一揽子职务。皮蒂诺被"绿衫军"这样底蕴深厚的队伍如此看重，克洛斯只能铩羽而归。

此时，列在 76 人队候选名单上的目标主帅是拉里·布朗。**这位有着二十余年执教经历的名帅绅士风度十足，而且通过践行他最学院、最执拗、最刻板的篮球信念——"用正确的方式打篮球"，拉里·布朗成功帮助数支平凡的球队迅速提高了水平、闪耀联盟。**此前他曾分别执教过 8 支 NBA 球队，最典型的成功案例是步行者队。1993 年，布朗接手的步行者队是一支数年徘徊在乐透区的球队，但在布朗入主的 4 年中，他们两次闯入东区决赛。

要说这个倔强的老头有什么缺点，长期担任他副手的埃迪·曼宁的评价非常中肯："毫无疑问，他是个好的重建者。但有时候有点情绪化，如果他的球队没有实现他预想的结果，他就会暴跳如雷。当然，对于 76 人队这也许是件好事，他会踢他们的屁股，但是他们会打得更好。"

经过与球队的接触商谈，拉里·布朗在 1997 年 5 月被委任为 76 人队的新任主帅。同时，为了给予布朗更大的权限和空间，他也同时被任命为球队的副主席，拥有交易球员的权限。显然，这一点是为了让他有更大的自由度来打造心目中最理想的阵容而设的。

不过，刚上任的主教练见到他们球队的头号球星，却是三个月之后的事了。在 5 月拿到 1996—1997 赛季的最佳新秀奖后，艾弗森就进入了休赛季的"失联模式"，跟着赞助商安排的活动在南美洲巡回推广。

7 月的时候，本来说好会出席球队迎新表演赛的艾弗森，先是在赛前放了教练和队友的鸽子，后来又突然出现在场上比赛。等布朗回过神来想跟他聊上两句的时候，却发现艾弗森已经离开了球场。就这样，两人的第一次交谈被拖延到了 8 月。那时，因为艾弗森刚刚处理完飙车麻烦、洗脱了持枪和藏毒的嫌疑，他们根本没有机会聊多少关于篮球的事。

执掌了帅印后的布朗开始他大刀阔斧的改革计划，首先就是审视目前的阵容。1997—1998 赛季的 76 人队，除了拥有艾弗森、科尔曼和斯塔克豪斯三大主力以外，补充了"达拉斯三杰"之一的后卫吉姆·杰克逊，并从篮网队换来了 7 号秀蒂姆·托马斯。

这一配置天赋满满，艾弗森和斯塔克豪斯更是上个赛季仅有的两个可以做到进入得分榜前 20，且场均得分都超过 20 分的同队球员。球队管理层非常珍惜这两名进攻火力十足的年轻球星，希望在布朗的调教下能让他们发挥 1+1>2 的效果。

但制定战术，必然有所侧重。在布朗已经规划的以艾弗森为核心的体系中，斯塔克豪斯的不甘与不满相当明显。他的出手次数由 16.1 次下降到了 12.9 次，场均得分也减少了 4 分。心高气傲的斯塔克豪斯十分不满球队的安排，在训练和比赛中也多有懈怠和怨言。

年轻而缺乏秩序的球队，只能靠艾弗森的个人能力把即将沉进泥沼的局面拖住。1997 年 11 月，赛季开局五连败后的两连胜几乎都是艾弗森凭借自己的神勇发挥换来的。而开赛近两个月后，4 胜 12 负的战绩让艾弗森和布朗同时感到绝望，他们都认为现在的球队就是一盘散沙。

此时，布朗开始使用他的权威，打造他认为合适的阵容了。1997 年 12 月，斯塔克豪斯被布朗交易到活塞队，换得了符合他审美的西奥·拉特里夫，一个进攻能力有限、防守态度积极、协防霸道而又坚实硬朗的中锋，还有淳朴低调、重视团队的后卫阿隆·麦基。才华型选手变成了工兵型插件，让整个阵容的稳定性迅速提升。斯塔克豪斯离开时满心欢喜，还不忘回马一枪说："在底特律，终于不会有艾弗森这样喜爱投篮的后卫和我冲突了。"

1998 年，交易的车轮在 76 人队继续快速推进，赛季初的六大主力，只剩下艾弗森和科尔曼相对稳定。一些媒体甚至浮想联翩地预测，如果布朗那么喜欢高个后卫，艾弗森也不一定是非卖品嘛，换个"便士"哈达威也不是没可能。

但布朗怎么可能会动自己的头牌。他在艾弗森职业生涯第一次击败了乔丹的比赛后为他引荐了一位新队友——来自西雅图超音速队的埃里克·斯诺，加里·佩顿勤勤恳恳的替补。身为控卫，斯诺与艾弗森完全相反，身高体壮却缺少艾弗森拥有的速度、运动能力和天分。他老成持重，能严谨地把球推进到前场，观察、思考、指挥布局，精确地把球分给跑动中获得空当的队友。偶尔，他也会一个箭步闪进内线，完成一个简洁的打板上篮，就像一个急急忙忙完成派送任务的外卖员。1998 年 4 月，布朗开始正式试验斯诺 + 艾弗森的后场组合，斯诺主控，艾弗森负责冲锋陷阵，这一攻守兼备、能快能稳的配置，终于让 76 人队流畅地运转起来。

这年夏天，76 人队继续着大交易的步伐，六大轮换再被摘走四人，"布朗号"76 人队铁甲战车正式组装上线，他们要在接下来的 1998—1999 赛季大显身手了！这一赛季，已经三年级的艾弗森和布朗一边就训练与比赛的作息节奏争吵不休，一边同心协力为球队争胜。在这个被停摆影响的缩水赛季中，艾弗森时代的 76 人队以 28 胜 22 负的战绩闯进了季后赛，这是艾弗森步入成熟的开端，也是黄金时代的开始：**他以场均 26.8 分成为 NBA 历史上最矮的得分王，并入选年度最佳阵容一阵。** 艾弗森的第一次季后赛之旅，也是 76 人队时隔八年后的再一次季后赛旅程，体验不算太坏。他带领 76 人队成功击败魔术队，但被拥有雷吉·米勒的步行者队横扫，止步东部半决赛。

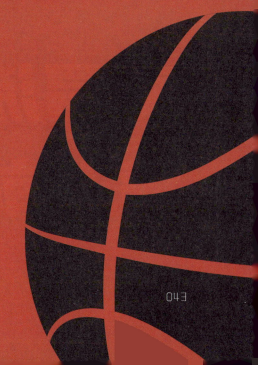

第三章

THE

交易流言，
痛改前非

ANSW

从踏进 NBA 那天起，艾弗森的技术就获得了无数最高级的描述。刚进联盟第一年，善于"双胯下运球"的他就被认为是奥斯卡·罗伯逊和蒂姆·哈达威之后的第三代运球大师；有些专家则盛赞他是"微笑刺客"托马斯和"精灵"阿奇巴尔德的合体；连朴实无华、极少强调球员个人能力的球队系统学战术大师、马刺队名帅波波维奇都承认："艾弗森在运球启动方面是联盟最快的。"

客观地从身材条件上来说，艾弗森的硬伤非常明显，身高限制了他的力量和弹跳。在 NBA 内线竞争激烈、节奏缓慢的年代，这个类型的球员，从天赋上来说，实在只能做到和其他同位置对手勉强打平。

但艾弗森独门竞争力的来源不是他的组织、效率、投篮、防守、体力这些硬项指标，反而是有点玄学感的缠斗能力。篮球教科书上在摆脱训练中有以他命名的**"艾弗森移动"**，这是一种为了让普通后卫拥有更强的灵活性而特别设计的技术动作。当然，理论的升华大多是在艰苦的实践之后，这是技战术专家观看了艾弗森在场上无数次不知疲倦的假动作、跑动、突破和变向后归纳总结出的成果。靠着这种永不言弃的精神，他不惧怕任何对手，当然也不会被任何刻板的分析评价限制。

1998—1999 赛季，由于劳资谈判的影响，第一场常规赛揭幕一直拖到了 1999 年的 2 月。这个赛季开始之前，发生了一件影响联盟格局的大事，那就是与犹他爵士队鏖战 6 场取得总冠军、实现了第二次三连冠，并在八年内第六次戴上总冠军戒指的"篮球之神"乔丹宣布退役。在用 1997—1998 赛季总决赛第六场终场前 5.8 秒的绝杀为自己的神庙钉上最后一颗钉子后，乔丹挥手告别了 NBA。

在此之前，NBA 得分榜第一被乔丹垄断多年，想要从他手中抢走得分王可以说比登天还难，像是卡尔·马龙等与乔丹同时代的超级巨星都已经对得分王失去了渴望。但初出茅庐的艾弗森可不一样，他完全没有被乔丹支配的恐惧的心理障碍。在开赛前几天，自信满满的艾弗森就在一次公开采访中朝气蓬勃地说："现在我的三分球变得很准，除费城之外的所有球队都要小心了；不过，如果贴我太近，可就要当心我的突破了。"

乔丹退役后的首个赛季，其他成名已久的超级巨星在当季已经不再把得分放在第一位，而是希望趁此机会争夺"后乔丹时代"的第一个总冠军。这一年，艾弗森场均 26.8 分，获得个人第一个得分王，这是 NBA 近 60 年来场均得分最低的得分王；同年，排名第二的是场均 26.3 分的"大鲨鱼"沙奎尔·奥尼尔，位居第三的则是乔丹的宿敌、场均 23.8 分的"邮差"卡尔·马龙。**但略低的平均得分并不意味着艾弗森的首个得分王有点水，他在当季总计砍下 2 次 40+、8 次 35+ 以及 18 次 30+，并且最终入选了赛季最佳阵容一阵。**

1999—2000 赛季，是属于奥尼尔的一年，"大鲨鱼"完成了复仇，以场均 29.7 分力压 28.4 分的艾弗森抢下了得分王，阻止了艾弗森连庄的美梦。神勇的奥尼尔不但常规赛表现突出，而且在季后赛中带领湖人队一路高歌猛进，夺得了生涯首冠，也拿到了自己的第一个 FMVP（总决赛最有价值球员）。

而首次成为全明星的艾弗森当季带领 76 人队拿下队伍 1990 年以来的最好战绩——常规赛 49 胜，两度杀入季后赛。不过他们在首轮击败夏洛特黄蜂队后，依然败在了如日中天的老对手印第安纳步行者队手下。

在两队最后一场较量败局已定时，艾弗森被提前换下场，他坐在替补席难过得抱头痛哭。雷吉·米勒，也成为艾弗森在东区最难翻越的一座高山。不过，艾弗森的表现也获得了对手的肯定，赛后步行者队的主帅"大鸟"伯德就对记者说："他就是这个联盟的未来，你们告诉他，他随时可以来我的球队打球。"这个赛季对于艾弗森来说，就像他拿到的最佳阵容二阵荣誉：不算差，但又没那么好。

可就在这一年夏天的休赛季，水平渐入巅峰的艾弗森却卷入了一笔四方交易的流言之中，传闻艾弗森和马克·盖格尔会被送到底特律活塞队。按说，在过去两个赛季，76人队围绕着艾弗森建队，现在正是步入正轨的上升期，怎么会动了卖当家球星的念头？

其实，进入NBA的艾弗森一直在不适的磨合中艰难前行。NBA背后所绑定的强大商业社会规则像紧箍咒一样时时束缚着他。在刚拿到最佳新秀奖的时候，他反戴着一顶棒球帽对记者说："该死，这些人竟然要我穿意大利产的西装，那东西适合乔丹，他们想让我演戏吗？让我穿得像30岁那么老？可我才22岁，别催我。"为了正面宣传需要，在接受 HOOP 杂志采访后，对方刊出的照片抹掉了他的文身，类似的遮掩更让他倍觉憋闷不快。

而笃信经典的学院派教练布朗，与他的个性完全不同，随时都希望队员能像大机器上的零件一样标准、规范、主流。两者的日常相处充满了相爱相杀的争吵，而每次争执起来的话题不一而足，像是统一着装、防守注意力、训练态度……一个喜欢抠细节，一个天性爱自由，多次的交流最终沦为各说各话的不欢而散。争执最严重时，艾弗森表示对布朗教练的要求感到无所适从，而布朗教练更有几次公开指责艾弗森，扬言会要求球队将他交易。赛季中，球队总裁克洛斯不得不迅速出来做和事佬缓和紧张局面，他召集两人进行了一次恳谈，双方坦陈对彼此并无恶意，只是都好胜如狂又固执己见罢了。

2000年夏天，艾弗森出版说唱乐专辑，直白的黑人俚语话风被媒体挑刺。场外的麻烦不断、个性的桀骜不驯、与教练的顶撞冲突，让此时的球队管理层对艾弗森是否能带领76人队走向更高的境界也有了一丝怀疑。

听闻交易流言的艾弗森真的被气炸了。虽然他有诸多的小毛病，但对费城始终是一颗真心。艾弗森开始反思自己的言行，并暗下决心：**"从听说被交易的那一刻起，我就发誓自己再也不能给别人指责我的证据了，我回顾了那些我错过的训练，这是荒谬的，我错过了那么多，我迟到了那么多，我不会再这样了。"**

7月，76人队总裁克洛斯飞到了汉普顿参加艾弗森的名人垒球锦标赛，两人敞开心扉畅谈了几小时，以艾弗森的一番表决心收尾。克洛斯说："他是我认识的人中最能掌握自己命运的，他说自己接下来要做的很简单，遵守布朗教练的规则，他哪儿也不会去了，就这么简单。"

最终，因为盖格尔拒绝放弃他合同中的500万交易条款，这笔让76人队笃定的大交易如愿告吹。而艾弗森与布朗经过暑假的一番长谈后，关系也大幅改善。8月，费城训练营开始的第一天，艾弗森就请求布朗让他担任球队的副队长，在观察了艾弗森训练营的表现后，布朗答应了他。"我看了看镜子中的自己，这是我的第五个赛季了，我还没拿过总冠军，我不能再像个孩子一样任性了，有很多事情是布朗想让我去做、我却一直没做的，现在我要做了。"

就这样，76人队在人们的猜测和观望中开始了新赛季的征程。出乎所有人的预料，76人队居然在开赛取得了十连胜，而艾弗森似乎也在悄悄改变，变得比以往更加成熟。在球队十连胜的比赛中，他的平均得分只有22分，甚至排在联盟的前十名开外，但球队的战绩出色却是不争的事实。

曾是ABA（American Basketball Association，美国篮球协会）单场助攻纪录（23次）保持者的布朗教练不断地向艾弗森灌输传球的重要性："如果你投了一个糟糕的球，而你的队友在这回合都没触球，那你就做了一次糟糕的选择。你的队友不能只是跟着你跑过半场、为你设置掩护、为你换防，你必须让全队参与其中。"

艾弗森终于开始意识到自己一个人的力量无法将球队带到更远，只有依靠所有队友的努力才能取得好成绩。此时，他那颗骄傲的心里已经不只装着个人的荣誉了，他更看重的是总冠军，这也是布朗所希望的。2000年11月，布朗教练对他大加赞赏："艾弗森在用正确的方式打球，他的防守比以往好一百倍！"从听得进对方话的那一刻，师徒关系开始变得融洽了。

这一年的76人队成了联盟中最让人惊喜的球队。在布朗的调教下，他们成为一支顶级的防守强队，球队在首发中安排了四个防守悍将弥补艾弗森的身材弱点。2001年2月，球队用库科奇+拉特利夫换来了四届最佳防守球员穆托姆博，防守更是像盾牌一样坚不可摧。而与此同时，球队的进攻几乎完全交给了艾弗森一人。

艾弗森的事业巅峰伴随着2001年全明星赛而来，这场比赛就像是他这个赛季常规赛的浓缩版一样，孤胆英雄，以一敌五。在最后一节，东部明星队一度落后20分，但在艾弗森的率领下，他们奋起直追，最后关头将比分反超，以1分险胜西部明星队。**夺冠功臣艾弗森以25分、5次助攻获得了全明星赛MVP，赛后领奖时他将这个荣誉献给了自己最爱的母亲与教练。**

赛季后半段的比赛中，76人队继续保持了前半个赛季的优异表现，艾弗森的得分也节节攀升。**这个赛季76人队取得了创纪录的客场13连胜，并最终以56胜28负的联盟东部冠军身份打进了季后赛，创下球队1985年以来的最佳战绩。**

艾弗森不仅以31.1分成为得分王，还成为继乔丹之后第一位平均得分超过30分的球员。能取得这样的成绩，除了艾弗森自身的努力，也要归功于布朗教练对规则与位置的深入研究。

从这赛季开始，布朗教练建议艾弗森改打得分后卫，破解包夹防守对

他造成的限制。他不再负责将球推动到前场、直接发起进攻或突破。因为如果从一开始就遭遇包夹或全场紧逼，会对他的体力造成极大的消耗，也会使他面临更多的防守侵犯。改打得分后卫后，他在接球前都处于不可被包夹的防守状态，接球以后可以依靠敏捷的优势快速形成一对一，这时他或者选择快速突破，或者直接接球跳投。以艾弗森的速度和灵动性，甩开防守人员根本不是问题。

正因为改打了得分后卫，艾弗森与 76 人队才获得巨大的成功。**在最终 MVP 的评选中，艾弗森也拿到了 124 张选票中的 93 票，成为 NBA 历史上最矮、最瘦的常规赛 MVP。**这个常规赛赛季是属于艾弗森的，即便是统治西区的"OK 组合"中的科比和奥尼尔，在他面前也相形见绌。

值得一提的是，艾弗森的防守水平在这个赛季中也大有提高。一直以来，他都算不上单防高手，最多是不拖球队后腿的水平。以他这样单薄的身材，在防守上很难要求过多。但为了争夺更好的成绩，艾弗森在防守上下了一番功夫。他一方面提高防守积极性，在对抗那些远比他更加高大的对手时，用敏捷、预判、纠缠，最大限度地弥补自己身材单薄的弱点；另一方面，利用速度快和手长的特点，频繁下手抢断，尽量通过快速移动补回失位。因为球队为他配备了合适的补防人选，这一策略取得了很好的效果，他也在本赛季**第一次获得了抢断王（2.51 次）的称号。**

作为"小后卫"，艾弗森并没有被规则和身材限制，反而接受了自己的一切，不去管外界的各种评价和质疑。2000—2002 的两个赛季，改打得分后卫的艾弗森将自己的得分能力提升到了全新的水准，连续两年场均得分突破 31 分，以较大的优势实现了得分王的连庄。而被挑剔说是防守黑洞的他，也在此后蝉联三届抢断王。现在的数据分析证明，他当时的防守效能的确属于同位置中的优秀水准。

艾弗森从未觉得自己的矮小有什么不便，也不觉得当年对乔丹的单打代表着叛逆与张狂，他甚至没有觉得挡在自己面前的是"篮球之神"，只觉得那是一个叫"迈克尔"的球员。**同样是球员，都要场上见，应该没有什么不同，难道不是吗？**

NBA 历史上
最矮、最瘦的
常规赛
MVP

PART **3**

天使魔鬼
不独行

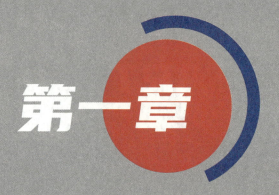

第一章

大战卡特，
败走洛城

很难说，76 人队在 2001 年全明星之夜最大的收获是艾弗森当晚的 MVP，还是用西奥·拉特利夫、托尼·库科奇和纳兹尔·莫罕默德交换来的老鹰队中锋迪肯贝·穆托姆博。当你的当家球星，个性如艾弗森的球员都猛加训练量、为自己增重时，球队总裁克洛斯知道，自己身为球队的管理层，有责任去帮助他寻找更好的搭档。

穆托姆博八次入选全明星，是联盟的盖帽王。如果 76 人队为自己定的目标是总冠军，那么拥有奥尼尔和科比的湖人队是他们必须面对的劲敌。这意味着，队里需要有人来生扛奥尼尔这个大块头。有了穆托姆博和艾弗森，他们才有可能和当时的湖人队——NBA 历史上最具统治力的球队之一——掰一掰手腕。

这一交易的成效立竿见影，穆托姆博的加盟带来了坚韧的防守，将球队推向了更高的高度。而布朗教练为了将艾弗森的进攻能力发挥得更彻底又不妨碍团队，也做出了大胆尝试：他不但把攻击型后卫一一送走，重用防守型后卫，而且让身高只有 1.83 米的艾弗森改打得分后卫。为了帮艾弗森抢篮板，76 人队用一票硬汉球员打造出了"血肉城墙"。

这样改造的结果是：球队的出手与得分超过三成都集中在了艾弗森一个人的身上。除了极度依赖球星个人发挥，球队空间感也很差，全队场均三分球出手数只有 9.8 次，投进 3.2 个球，均位居联盟倒数第二。

76 人队"一攻四防"的奇葩配置对艾弗森是极大的挑战。他虽然扛下了整个赛季，并且表现极为出色，但因为个人消耗过大，先后遭受了右肩脱臼、左膝盖挫伤、左髋关节发炎、尾骨挫伤、右肘黏液囊炎和左骶骨关节挫伤等一系列伤病。

季后赛首轮，76 人队遭遇的是老对手步行者队。因为此前两年连续被其挡在东部决赛大门之外，步行者队的康塞科球馆对艾弗森来说是噩梦一般的存在。此轮战役，76 人队的主题毫无疑问是"复仇"。

　　不过一年来，双方实力此消彼长。随着伯德卸任球队管理层一把手，步行者队的境况江河日下，在当季的 16 支季后赛球队中居于末席。当时的季后赛首轮采取五场三胜制，首场比赛，被业界誉为"乔丹接班人"的雷吉·米勒用一个三分绝杀给了东部老大当头一棒，展示了老牌劲旅的倔强和风骨。好在艾弗森很快进行了自我调整，第二场狂砍 45 分率队扳平了大比分。之后他们再没给步行者队机会，连下两城，三年来第一次成功击败对手进入下一轮，布朗教练也一雪与老东家的新仇旧恨，昂首前行。

　　本轮系列赛，艾弗森场均 31.5 分、6.5 次助攻的表现让米勒也大为叹服，赛后米勒走过球场，与布朗教练和艾弗森拥抱。**历史上最伟大的三分手对历史上最快的突破手说："我相信，这只是你的第一步！"**

　　带着对手的祝福走到东区半决赛的艾弗森迎来的是"东区之矛"多伦多猛龙队。世纪之交的几年，是 NBA 防守强度最高、进攻最艰难的时代。在那个赛季，全联盟得分破百的仅有 4 支球队，猛龙队的场均得分和进攻效率都排在联盟第五，而 76 人队的场均失分和防守效率恰好也排在联盟第五，因此，这个系列赛也被认为是矛与盾的对决。

　　和 76 人队一样，"飞人"文斯·卡特是猛龙队在进攻端唯一可以倚靠的火力点，内线主力安东尼奥·戴维斯和奥克利都是典型的蓝领选手，他们锁定季后赛名额的过程颇为坎坷，开局不利之后是靠全明星赛后的一波 5 连胜才稳住局势。最终，猛龙队以创历史新高的 47 胜、东部第五的成绩获得了季后赛的名额。

　　系列赛第一场，猛龙队反客为主，三节过后领先达到了两位数。第四节伴随着猛龙队的松懈，76 人队开始展开反扑，**最后半分钟比赛成了艾弗森和卡特的对飙——而这成为这个系列赛的基调。**随着艾弗森的罚球将分差追到两分，卡特自投自抢补篮几乎杀死比赛。之后，艾弗森马上还一记绝命三分，但卡特随后稳稳罚进保住胜果，猛龙队先拔头筹。

猛龙队拿下首场比赛的头号功臣自然是全场得到 35 分、关键时刻犹如定海神针的卡特，而球队第六人、身背 30 号的瓦德尔·库里一世高效砍下 20 分，也成功扮演了奇兵的角色。15 年后，他的长子继承了他的名字、号码和射术，并发扬光大，同样在季后赛中替补登场，创造了联盟历史上的加时赛得分纪录。为了和父亲相区别，人们更习惯称呼他的中间名——斯蒂芬·库里。

失去了主场优势的 76 人队第二场背水一战。艾弗森明显找回了准星，但首节的频频犯规还是显示出他内心的焦躁。猛龙队在利用卡特对防守人持续施压的同时，充分利用戴维斯和奥克利两位具备中距离射程的内线大打挡拆外切，始终牢牢压制着 76 人队。

此时，已经陷入僵局的 76 人队只能期待他们的领袖开挂。艾弗森不负众望，利用难度极大的晃动后急停跳投和突破拉杆等极限操作在第二节 11 投 8 中，猛龙队只能由卡特来做出回应。双方斗法的一个标志性回合出现在第二节比赛还剩 2 分钟的时候：只见艾弗森内切后一个空中闪躲打进了超高难度拉杆；而他刚回过身，卡特便从合理冲撞区边缘突然起飞，还以一记背身空接灌篮。

第三节猛龙队加大了对艾弗森的协防力度，让他只得到 7 分。但在第四节比赛中，除了球队的战术犯规罚球，战神一般的艾弗森在最后 9 分钟里包办了球队的所有得分。那一晚，历史被改写了。一记突破高打板打进加罚后，艾弗森追平了 76 人队比利·坎宁安在 1970 年创造的季后赛得分纪录。接下来一个回合，他用招牌的罚球线急停跳投，缔造新纪录的同时也杀死了比赛。最终，费城 3 号的全场得分定格在 54 分。

如果说艾弗森在第二场向世人展示了万花筒般的得分方式，想在第三场搞点事情的卡特只用了一招三分球便杀人诛心。干拔，单挡后运一步，晃动后仰，接球跳投……卡特的前八次三分球出手全部命中。半场尚未结束，联盟纪录已经作古。投进第八个三分球后，卡特将双手轻轻按在地板上，仿佛要冷却一下滚烫的手指。面对这样天神下凡般的对手，急火攻心的 76 人队第四节 16 投仅 4 中，布朗教练在还剩 3 分钟时撤下主力、战略放弃。卡特随后以一记激情四射的暴扣得到个人第 50 分，接受全场观众顶礼膜拜后完美退场。

第四场的较量，卡特和猛龙队都显示出了过度亢奋后的低迷，全队上演打铁合奏，无一人命中率超过四成。但 76 人队这边，艾弗森也迟迟找不到手感，而且因为本队内线早早陷入犯规麻烦，被猛龙队冲抢下 20 个前场篮板，一度让他们落后多达 16 分。关键时刻，艾弗森显现出超级巨星本色。他先是投中压哨的超远三分球，又助攻斯诺扩大比分，一举奠定了胜局。76 人队夺回主场优势，系列赛迎来天王山之战。

第五场开赛前，斯特恩总裁为艾弗森颁发了 MVP 奖杯，76 人队名宿"J 博士"也在赛前造访主队为大家打气。在这波气势加成下，76 人队气势如虹，开场便打出 11 ： 0 的冲击波，此后再没给猛龙队半点机会。他们已不满足于一场普通的胜利，他们要让这个夜晚成为费城的庆典。第三节开始，全队都在有意识地为艾弗森输送炮弹。终于在第四节进行 3 分多钟后，艾弗森飙中本场第八个三分球，得到第 52 分，成为乔丹之外，唯一在一个系列赛拿下两场 50+ 的球员。赛后，艾弗森尤其得意于自己外线 14 中 8 的表现："有人说我的比赛有短板，没法命中远投。今晚，就是专门打这些人的脸。"

但天王山的大胜也附加一个小的隐患，艾弗森在此战中扭伤了左手拇指。在第六场中，他发挥失常，24 投 6 中只拿到 20 分。靠着包夹取得胜利的猛龙队非常满意自己的战术，卡特赛后说："我们必须这么对付他，我们明白这个联盟没人能一对一防守他，这可是对他的尊重，尤其是我们知道他有能力得到 52 分干掉我们之后。"系列赛来到了抢七大战。

东部半决赛第七场的前一天，24 岁 114 天的卡特在双方生死战前包了一架飞机，回校参加了他北卡罗来纳大学的毕业典礼，然后又飞回费城。艾弗森和卡特在抢七战中都打满了全场比赛，但是发挥均不理想。不知道卡特的匆匆往返是否消耗了他的体力，但艾弗森却是实实在在受到了伤病的困扰，他在一次突破上篮中被猛龙队球员放倒在地，摔伤了尾椎骨。

在比赛的最后一分钟，库里的追身三分球让猛龙队只落后 1 分。76 人队则浪费了两次进攻机会，留给猛龙队 2 秒钟来完成抢七的绝杀。球给到了卡特，他晃开了泰龙·希尔得到了空位出手的机会，只听"当"的一声，计时灯亮，球砸在篮筐后沿弹了出来。就这样，猛龙队结束了建队以来最成功的赛季，76 人队则自 1985 年后再次杀进东部决赛。艾弗森此役送出生涯最高的 16 次助攻，用另一种方式帮助了球队。

整个系列赛，比分接近的 4 场比赛中，艾弗森和卡特两位当家球星的休息时间都只能以秒计算，在那个慢节奏、重防守的残酷年代，他们打出了篮球运动的血性。在场均得分不过 92 分的系列赛中，他们双双打出 30+ 的场均得分，而 7 场比赛中 3 次单场 50+ 的对飙更是前所未有。这个系列赛，也让很多人真正迷上了篮球。

终于迈进东部决赛的 76 人队，迎来了更难对付的对手——密尔沃基雄鹿队。雄鹿队拥有号称"三个火枪手"的雷·阿伦、萨姆·卡塞尔和格伦·罗宾逊，三人都是难啃的硬骨头。这轮系列赛 76 人队面临巨大的挑战，不但主力球员受伤，甚至赛季报销，就连艾弗森自己也一度因伤缺阵第三场。在前六场双方打成三平的情况下，第七场艾弗森王者归来，独砍 44 分。最后时刻，雷·阿伦受伤退出比赛，76 人队领先到两位数，艾弗森一边跳舞一边下场休息，就此走完了他无比传奇的东部之旅。整个东部决赛，艾弗森交出了场均 30.5 分的出色成绩单，76 人队昂首挺进总决赛。

76 人队不是一支强到能和湖人队一较高下的球队，哪怕他们站在了总决赛的地板上。湖人队在西部季后赛拿到了骇人听闻的 11 连胜，媒体在讨论的压根不是湖人队会不会拿下今年的总冠军，而是湖人队是不是NBA 历史最强大的球队，他们会不会在季后赛保持全胜夺冠。

2001 年 6 月 6 日，双方的第一战，25 岁最后一天的艾弗森站在技术台面前，顶着湖人队主场山呼海啸般的呐喊声，朝身边的队友——西奥·拉特利夫、迪肯贝·穆托姆博、埃里克·斯诺、乔治·林奇、阿隆·麦基和泰隆·希尔喊话道：**"没人看好我们，但这只会让我们更努力，做好自己的事，剩下的交给比赛决定吧。"**

面对"OK 组合"的湖人队，犹如猛兽般肆虐篮下、守卫篮筐的奥尼尔，**艾弗森以他瘦弱的身躯，一次次以一个勇者的姿态无畏突破，在对方后卫的轮番照顾下，他带着伤，屡次跌倒，屡次爬起，在场上拼杀了 53 分钟，让斯台普斯中心由最初的震耳欲聋到最后的鸦雀无声。那一夜，他得到了 48 分、5 个篮板、6 次助攻，帮助 76 人队以 107 ：101 击败了不可一世的湖人队，让对手季后赛 11 连胜的纪录生生终结。艾弗森将"英雄"二字，诠释得淋漓尽致。**

虽然之后 76 人队连续 4 场输给湖人队，但这丝毫不影响艾弗森的伟大。因为那一年的奥尼尔同样处在巅峰，总决赛场均 33 分、15.8 个篮板、3.4 次盖帽，投篮命中率高达 57.3%，76 人队始终找不到限制奥尼尔的办法，也没有队友分担艾弗森身上的得分压力。整个总决赛系列赛，艾弗

森场均砍下 35.6 分、5.6 个篮板、3.8 次助攻，虽然球队输了，但是他赢得了所有球迷的尊重。

2000—2001 赛季是艾弗森作为个人和 76 人队队员最成功的赛季。那一年布朗获得了最佳教练，穆托姆博拿到了最佳防守球员，后卫麦基拿到了最佳第六人奖。**艾弗森个人则同时包揽了常规赛 MVP+ 得分王 + 抢断王 + 全明星赛 MVP。在他之前，NBA 历史上能够在同一个赛季拿到得分王 + 抢断王 + 常规赛 MVP 的只有乔丹一人。**通过这个赛季的征战，艾弗森成为联盟标志性的偶像之一。他比其他的超级巨星更让球迷激动的原因在于：**人们看到了他弱小的身躯背后的象征意义，那就是普通人也可能拥有无限可能。**

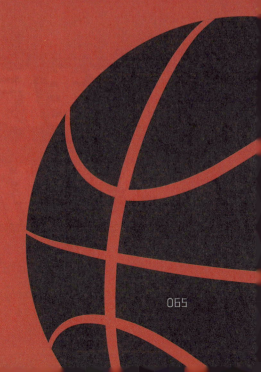

第二章

师徒反目，
分道扬镳

即便总决赛败北，拿到东部冠军的阿伦·艾弗森依然称得上是胜利者。他可以享受一个甜蜜的假期，怀抱着他的常规赛MVP奖杯、东部冠军奖杯，以及他的妻子。

26岁，艾弗森决定结婚了。妻子塔瓦娜·特娜是他的高中同学，曾是学生会领导，是永远穿着得体、发型一丝不苟的"邻家女孩"。她鬼使神差般看上了外形酷酷的艾弗森，在尚未步入婚姻殿堂前，塔瓦娜就已为艾弗森生下了两个孩子，分别是大女儿迪奥拉和大儿子阿伦二世。

2001年8月4日，来宾陆续聚齐在新泽西的一个僻静的庄园。艾弗森坐着劳斯莱斯到场，两个孩子负责托着妈妈的婚纱。牧师将塔瓦娜的手放入阿伦·艾弗森手中。艾弗森在婚礼中发出了动人的爱的宣言，称人们以为他之所以活着是为了"成为阿伦"，实际上他是为了塔瓦娜和两个孩子，**"这就是我生活的全部意义"**。

艾弗森对布朗教练说："这意味着我成熟了，我真正有了自己的家庭。"这是他度过的最好、最快乐的休赛期。在自己功名成就的人生巅峰，娶到相爱多年的爱人，世上的圆满莫过于此。只是，他并不知道，无常的命运就在他的幸福时刻朝他逼近。

大家都知道，76人队能在几年间稳步向上，全靠队里的"铁三角"支撑，他们是核心球员艾弗森、教练布朗和球队总裁克洛斯。在76人队、艾弗森、布朗，达到了各自的巅峰时，克洛斯却要离开了。2001年7月26日，76人队宣布，克洛斯正式辞去总裁一职。

2001年夏天，76人队开始失去建队方向。2000年已经显出老态的阵容，在2001年却为了稳定而继续保留，只是召回了34岁的科尔曼，一个更加老化的球员。76人队没能锐意革新地采取针对性的举措，东部冠军在"军备竞赛"中已经慢了一步。

而达到东部冠军的高度后，76人队的欲望随身体一起经历了急速下坠。帕特·莱利总结20世纪80年代"湖人王朝"四个冠军时说："杀死冠军的，是冠军本身。"拥有过一些成绩之后，你便不再想回到原地，继续每日枯燥训练、对身体自我虐待、紧张兮兮地保持身体状况，始终绷紧弦。

上个赛季，76人队的稳定高效很多时候来自布朗教练的逼迫。而随着他们持续地机械运转，那些优良的机器人般的习惯，只会慢慢迟钝。斯诺的骨裂尚未痊愈，又加了肩伤；艾弗森则在夏天做了去除骨刺的手术。2001年9月，布朗教练在训练营被告知，艾弗森的伤不轻，肯定要缺席赛季第一周。

而压垮骆驼的最后一根稻草是：2001—2002赛季开始，NBA允许实行区域联防。 人们猜测联盟推出联防的初衷，是用来限制巨人们的统治力。但是艾弗森这种类型的球员被精准打击，实在也是无妄之灾。

在新规则下，对手不必再像当初一样手忙脚乱地轮转了。他们可以派一个球员去堵塞艾弗森的道路，可以用三到四个人保持合围之势，提前布阵，控制禁区。他们可以只给艾弗森两种选择：要么尝试一打三或者一打四，要么传球——而由于联防站位的缘故，他的分球杀伤力也将大大减弱。

超音速队助理教练德文·凯西无意间吐露出全联盟的心声：**"用两个人防守艾弗森，他还是可以得到 40 分，但他需要付出远远多于以往的精力。"**

艾弗森伤愈归来时，发现球队以五连败开局。虽然他出战后快速带队打出一波七连胜，但伤病和规则的改变让他疲于应对，连胜期间，艾弗森仅有一场命中率达到 40%。赛季第一个月，艾弗森场均命中率不过 34%。12 月，他的手感逐渐正常，76 人队却开始连败。

刚应付完连败的困扰，另一端师徒矛盾的问题又被点燃。在更衣室，艾弗森听到了布朗教练因为五连败而忧心忡忡的种种消息。而在记者面前，老头子又被媒体骗开了话匣子：艾弗森的训练态度啊，艾弗森的球队纪律啊，诸如此类。随后的比赛里，就算在板凳席坐着，布朗教练也难以忍受阿伦的穿着和举止，他认为这孩子压根就不尊重他，而艾弗森同样觉得这个固执的老头完全看不起他，两个人就这样互相讨厌着对方。

其实，两人的个性冲突始终存在。以往，克洛斯是他们之间的桥梁，左提右劝，一路胜利可以让他们忘记彼此的缺陷，互相赞叹与欣赏。换句话说，艾弗森和布朗可以共富贵，若要共患难，却需要克洛斯的调和。可现在，克洛斯不在了。

2001 年 12 月的费城 76 人队和艾弗森一样尴尬，大家完全不清楚球队的目标是什么。争冠吗？胜率低于 50%，球队伤兵满营；培养实力吗？球队只有一群走下坡路的老将；重建吗？根本没有年轻的筹码。就这样，在磕磕绊绊的 2001—2002 赛季中，艾弗森的常规赛平均得分再攀新高，达到了 31.4 分，卫冕了得分王，但球队却没能走得更远，季后赛首轮就以 2∶3 的大比分被凯尔特人队淘汰。

被淘汰后的第二天，布朗教练直言艾弗森必须像其他球员一样参加训练。艾弗森则希望布朗闭嘴，这让布朗教练与他的矛盾更加激化。那天艾弗森的一位好友去世，76人队又输了球，心情糟糕的艾弗森在接受采访时，却只听到了各路记者不断向他发问关于训练的问题，于是就有了艾弗森那句著名的——**你们居然跟我讨论训练？** 以及重复出现了二十多次"训练"单词的暴走言论。其实，艾弗森的意思只是，记者不应该过多关注球员场下的表现，而要聚焦球场之上。

艾弗森忠于自我，经常不加修饰地表达自己的想法。但相对地，他很少想过自己外溢的能量和影响力到底有多大。布朗教练就表示："如果他想过自己的行为会对孩子们产生什么影响，我打赌他肯定不会那么做。"而被艾弗森半途放过一次鸽子的锐步副总裁柯林斯基则说道："他是个伟大的球员，但在人际关系方面，他基本不关心什么责任和担当。"

这样的个性，让艾弗森把一部分情绪和怨气也带到家里。2002年7月，艾弗森和妻子发生激烈争吵，将她赶出了家门。当时的塔瓦娜几乎一丝不挂，被迫前往一家酒店躲避。随后，以为妻子藏匿在表弟家中的艾弗森，竟然还持枪冲了过去，甚至连警方都惊动了。

没有个"家和万事兴"的基本盘，2002—2003赛季的开局对76人队来说，依旧很糟糕。他们刚刚把穆托姆博交易到了新泽西，却发现麦基和斯诺的进攻和防守能力双双下滑，而这三人都是他们两年前决赛出场的关键球员。

或许是伤病缠身，或许是在和布朗教练的斗嘴中消磨了锐气，这个赛季的艾弗森似乎少了往日的犀利，有些不愠不火。突破少了，跳投多了；得分少了，助攻多了。得分王的桂冠让更年轻的麦克格雷迪拿去，科比也在赛季中创造了诸多得分纪录，屡创高分的辉煌似乎已经离艾弗森远去。

然而，凭借多年的技术老底，艾弗森还是拿到了场均27.6分的成绩。76人队也在全明星赛之后重新组合，以48胜34负的战绩进入季后赛。他们在季后赛首轮击败了新奥尔良黄蜂队。当时的艾弗森不会知道，和黄

蜂队的这个系列赛，是他职业生涯赢得的最后一个系列赛。东部半决赛中，76人队倒在了华莱士和他的活塞队筑起的铜墙铁壁之下，艾弗森冲击总冠军的梦想再次破灭。

在2002—2003赛季季后赛失利后，布朗教练宣布辞职，离开了76人队。他选择的新方向是执教美国国家队。在被指定为新一届美国男篮"梦之队"主帅后，他要先忙着准备夏天在波多黎各举行的雅典奥运会预选赛。临别时，布朗说："我们表现很好，但是现在是时候让别人来创造新局面了。"布朗走得问心无愧："我已经做了我该做的一切。"

布朗的离去让76人队的命运陷入了前途未卜的境地。或许，这在某种程度上预示着艾弗森这位NBA历史上最矮的得分王，将永远和那枚代表最高荣誉的戒指无缘了。 毕竟已年满28岁而又满身伤病的他，会越来越无法超越自己的闪电速度，也越来越难以抵挡NBA中愈加强壮的后辈新秀的冲击。

唯一让人稍感欣慰的是，在离开76人队后，布朗教练和艾弗森反而冰释前嫌，两人在接受外界采访时都表示，其实他们的关系很好，彼此一直真诚以待。不久之后，艾弗森和布朗教练在美国国家队再续前缘，艾弗森成了2004年美国篮球队的队长。

纵观艾弗森与布朗教练之间六年的并肩作战，两人都有处理得不尽成熟之处。**艾弗森过于我行我素，而布朗却过于坚持原则。** 在球队战绩好时，这些矛盾可能不会浮出水面；可一旦成绩下滑，别有用心者借此大做文章时，就会给球队、球员和教练同时造成不同程度的伤害。这些恐怕还是要归结到学院派教练固有的顽固与不妥协。湖人队的助教温特斯对布朗的工作曾如此评价："当布朗控制住艾弗森的个性表演时，76人队离总冠军很近；当艾弗森脱离了'布朗定律'后，他和他的球队什么也不是。"

　　其实，他们本身有着许多共同点，比如都是出身于单亲家庭，由母亲抚养成人；比如尽管他们年龄相差 35 岁，但他们每天都会回家与淘气而顽皮的孩子们相聚，艾弗森有一个 3 岁的儿子和一个 6 岁的女儿，而布朗有一个 3 岁的女儿和一个 6 岁的儿子；再比如他们都住在豪华奢侈的费城富人区，彼此的房子也相距不远。

　　2005 年，艾弗森说布朗无疑是"世界上最好的教练"，没有人会怀疑他言语中的真心与真诚。

"世界上最好的教练"
拉里·布朗

第三章

换帅风波，漫长告别

在布朗离开费城后，艾弗森开始顿悟，他开始更加相信队友，从斯诺、米基到韦伯、伊戈达拉，他都愿意给他们创造机会，而不是无限地突出自我。在场外，艾弗森也厌倦过去那种官司不断的生活，他承认自己交了些坏朋友，同时也不忘反击那些偏激的言论："许多人只凭听到的或读到的东西就来评判我，这不公平。"

而之后的每一年艾弗森依旧会带着满身伤痛，拖着这支球队前进，到最后又总是他充当失败赛季的替罪羊，但艾弗森依旧表达对球队的忠诚：

"我将在 76 人队一直待到退役。"

但对笃信"生意就是生意"的 NBA 来说，忠诚很多时候只是一厢情愿。

2003—2004 赛季，**兰迪·艾尔斯**作为辅佐布朗 6 年的助理教练，被球队匆匆扶正，成为 76 人队的新一任教练。但他没有任何体系，也不能和队员产生任何化学反应，在赛季 21 胜 31 负的开局后被 76 人队总经理比利·金解雇。金说："炒掉主帅是我这辈子到目前为止做出的最艰难的决定。兰迪是我的好朋友，但从大局考虑，我不得不做出这一决定。"在球队的低迷士气中，他只能不断地加油打气道："尽管今年形势严峻，但我仍然认为我们可以有所作为，让费城及我们的球迷为我们自豪。"

可他选来的继任者看上去并不像能带领球队有所作为的存在。被拉来救火的临时主教练是 54 岁的**克里斯·福特**。当时的福特已经在 NBA 闯荡了 26 年，作为凯尔特人队主帅，福特在 1990—1995 年间带领球队获得 222 胜 188 负的战绩。此外，他还在雄鹿队和快船队分别执教了两年，战绩分别是 69 胜 95 负和 20 胜 75 负。这样的履历，只能算得上资质平平。

2003—2004 赛季的后半段，在艾弗森伤病痊愈复出后，福特并没有将他安排为首发，参加完练习的艾弗森得知这一消息后十分愤怒，直接将训练服换为了休闲服，表示拒绝参赛，并在比赛结束后的采访中将此事直接公之于众。

艾弗森说：

"我觉得非常失望，因为我已经准备好上场比赛了，我天生就是个首发球员，我已经在这支球队首发了整整八年，我不想做第六人！如果这支球队应该有一个说一不二的人，那绝对是我！如果他要减少我的出场时间，那就减好了！"

而福特后续也进行了发言：

"等我知道他终于决定出战的时候，比赛马上就要开始了，没有听到赛前战术安排的人当然不能首发，我的观点是，我会给艾弗森机会，但是这支球队需要一个说一不二的人，我认为那应该是我！"

没有交情的两个人，开始了在布朗时代都没有过的面对面强硬叫板。

福特的强硬做法导致了许多争议事件，包括艾弗森因为缺席训练而被停赛，因为没有通知福特他因病不参加比赛而被罚款等，所有这些都让艾弗森感到"受到侮辱"。在一个灾难性的赛季中，艾弗森经历了职业生涯最低落的 48 场比赛（因伤缺阵 34 场），由于球队战术体系不明、将帅失和，以及艾弗森的伤病，这一年的 76 人队最终只名列东部第十，无缘季后赛。**这是自 1998—1999 赛季以来，76 人队第一次错过了季后赛。**

而赛季结束后立即被炒了鱿鱼的福特，也终于知道了谁才是 76 人队中可以说一不二的那个人。

没有季后赛要忙的夏日，对艾弗森来说显得格外悠长，他将自己的全部精力和热情都投入到夏天的奥运会比赛中。在该届赛事中，"梦六队"启用了双队长机制，艾弗森与邓肯联合出任队长。

"梦六"阵中只有艾弗森最珍惜身上穿的星条衫:"参加奥运会是梦想成真的感觉。你要理解国家给予你的机遇,也要有所作为回报国家。作为队长,我建议每个球员都珍惜入选国家队的荣誉,都感激这个荣誉。"

只可惜,拥有众多球星的"梦之队"在国际篮联的赛场均发挥平平。在雅典奥运会上,美国队八场比赛一共才投中了 44 个三分球,在 12 个参赛球队中名列倒数第一,而 31.4% 的三分球命中率排名倒数第二,甚至比安哥拉队都差。一贯不擅长应对联防规则的艾弗森在该届奥运会上的表现也相当挣扎,虽然他一直力图带领球队,但是主要方式还是单打占先的个人英雄主义,最终他们败给团结一心的阿根廷队,失去决赛资格,只以铜牌收场。

2004—2005 赛季,76 人队请来了**吉姆·奥布莱恩**担任球队主教练,他曾带领凯尔特人队取得了 139 胜 119 负的战绩,并在过去的两个赛季里将球队分别带入东部半决赛和决赛,但是他到底能不能和艾弗森和平相处,成为外界拭目以待的焦点。与此同时,76 人队在选秀与交易市场也多有斩获。他们在选秀大会上选来了锋卫摇摆人安德烈·伊戈达拉,并在全明星周末前通过交易得到了国王队的明星大前锋克里斯·韦伯。

这个赛季,随着奥布莱恩教练的到来,艾弗森在他的指导下状态反弹,重回组织后卫的位置,获得无限自由。***2005 年 2 月 12 日,艾弗森在罚球线上 27 投 24 中,得到职业生涯最高的 60 分,并在 76 人队以 112 : 99 战胜魔术队的比赛中拿到 6 次助攻和 5 次抢断。***

一个焕发新生的艾弗森以场均 30.7 分的成绩获得了他个人的第四个得分王,并帮助 76 人队以 43 胜 39

负的战绩重返季后赛。

而得益于奥布莱恩教练更崇尚进攻和投射的战术体系，无论是阵地战的攻坚还是反击战的转换，队内类似科沃尔这样的神射手都更有用武之地，二年级的新秀也取得了长足的进步，能够以 40.5% 的三分球命中率场均贡献 2.8 个三分，为球队保持稳定输出。

再度冲入季后赛的 76 人队遇到了他们的故人，已是底特律活塞队新任主帅的布朗。带领"梦六队"出征雅典仅获铜牌的不甘，让布朗开始怀念起当年在活塞队的快乐，因此他收起退休的念头，在新赛季中拿起了活塞队的教鞭。整个联盟，可能没有比底特律更适合布朗的地方了。在这里没有超级巨星，没有人端巨星架子；"大本"是活塞队的当家老大，但他并不对队友颐指气使，反而抢干脏活累活。在这支蓝领平民球队中，布朗很容易树立起自己的权威。

面对这样人人皆兵的对手，再加上无比了解艾弗森弱点的布朗，76 人队的晋级变成了不可能的任务。在这个系列赛中，艾弗森三次获得两双，其中一次为 76 人队赢得了在这个系列赛中的唯一胜利。

尽管奥布莱恩帮助球队回到了季后赛，尽管还有 3 年合约在身，但奥布莱恩和球员的关系并不融洽，尤其是新换来的主力前锋韦伯，已经多次抱怨自己在球队中的角色，并显露出对奥布莱恩的不满。与球员和管理层的分歧，导致奥布莱恩仅仅执教了一个赛季就被请走。

接替奥布莱恩的人选是曾在这支球队中当了 7 年助理教练，并且曾担任 76 人队 2001 年打入总决赛的教练组成员的**莫里斯·奇克斯**，他也成为 76 人队继布朗走后的第四位教练。其实，早在布朗离开时 76 人队管理层便希望他能立刻上任，但奇克斯当时回绝了邀请。

事实上，对奇克斯来说，执教 76 人队并不陌生，他将面对的最大问题就是如何与队中的两大核心——艾弗森和韦伯相处好，并找到一个适合球队的战术。因为奥布莱恩的那套防守理念很显然在队中并没有起效。

2005—2006 赛季，艾弗森场均拿到了常规赛职业生涯最高的 33 分，然而，76 人队却第二次错过了季后赛。年过而立，艾弗森多少失去了"杀意"。在目睹科比对独行侠队三节得到 62 分的经典之夜后，艾弗森佛系地说：**"有时我宁可当个观众。"**

此时，奇克斯和艾弗森的关系也走向了崩溃边缘。其实，奇克斯在刚来到 76 人队时和艾弗森的关系非常好，艾弗森曾经说过："如果你和奇克斯之间产生矛盾，那么你肯定做错了一些事情。"

但是两人的关系在本赛季迅速恶化，传闻称艾弗森曾在训练时和奇克斯发生争吵，尽管艾弗森在事后道了歉，但他还是受到了球队的处罚。此后双方之间的矛盾也没能得到根本的解决，这次球队没有再站在艾弗森的一边，而艾弗森也因为对球队心灰意冷主动提出了交易申请。

就这样，2006—2007 赛季的 76 人队和艾弗森都以随时准备散伙的心态陪伴着彼此的最后一程。在 76 人队的交易备选方案中，与掘金队的两个交易方案是他们的第一和第二号选择。

其实，76 人队之前也想过交易自己的当家球星，也准备推倒重建，但考虑到打算换来一些合同就要到期的球员，或者是得到一些有潜力的年轻球员，76 人队和掘金队一直在寻找能够参与交易的第三方，可在艾弗森的苦苦催促下，两队还是在他提出申请两个星期后就完成了这笔交易，也算如了艾弗森的愿。

2006 年 12 月 20 日，艾弗森被交易至掘金队，他为 76 人队换来的筹码是安德烈·米勒、乔·史密斯和两个首轮选秀权。

　　为 76 人队效力 10 年之后，艾弗森以球队历史上最高的平均得分（28.1 分）和排名第二的总得分（19583 分）结束了他在费城的 10 年生涯。

　　而从他离开费城后直到 2012 年，76 人队才赢得了自己的下一个季后赛系列赛。

10 年
费城生涯

PART 4

"答案"
路在何方

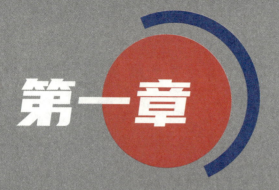

第一章

The

"双枪",

终是美丽错误

2006—2007 赛季伊始，已经缘尽的艾弗森和 76 人队都到了穷途思变的时刻，既然分手已经不可避免，不如一切向前看。不过，**从艾弗森被交易到掘金队的那一刻起，他的命运已经出现拐点。**在丹佛，等待艾弗森的是一支注定由卡梅隆·安东尼担任未来核心的球队。好在，他已经过了计较开火权的年纪，甚至可以担当辅佐别人的绿叶。

艾弗森的新搭档——"甜瓜"安东尼——是一只迅速成长、学习着统御全队的"猛虎"。心高气傲的他曾经在接受采访时表示，自己做得并不比同届的詹姆斯和韦德差，甚至更好。能放出如此豪言，是因为他已是队内的头号得分手。2006 年 12 月 19 日，安东尼在麦迪逊广场花园球馆拳击马迪·科林斯面部三天后，掘金队把四届得分王艾弗森带到了他的身边。当时的安东尼年轻、充满能量和斗志，加上可倚重的队友的加持，他拥有足以被期待的野心。

平心而论，艾弗森与安东尼的得分能力均为历史顶级水准。在交易发生前的一个赛季，艾弗森场均 33 分、7.9 次助攻，安东尼场均 26.5 分、4.9 个篮板。两人联手组成"黄金双枪"，一下子让掘金队成了西部大热。球队的目标也不言而喻，利用这一超级得分组合冲击总冠军。

无论是形象还是球技，两人发带 + 脏辫的砍分组合都是吸引粉丝的利器，甚至很多对手球队的观众也表示：能看到两个同样梳垄沟辫、同样有文身的 NBA 球星占据客场球馆就足够值回票价了。当时的联盟中，唯一比他们的比赛球票更抢手的可能只有科比的湖人队。对女球迷来说，没有什么能胜过"答案 + 甜瓜"的组合，就连他们打客场时，观众中穿粉蓝色掘金队 3 号和 15 号球衣的女性也特别多。在艾弗森和安东尼入场或是疯狂得分时，迷妹都喊破了嗓子。

艾弗森搬到丹佛之后，《丹佛邮报》的专栏记者曾在 2007 年全明星

赛之前获得了采访他的机会。本来约定的 15 分钟采访被延长到 45 分钟。因为艾弗森不但是个爱讲故事的人，还有让别人觉得和他相处非常舒服的能力。这位记者认为能报道这样一个如此独一无二的球星在场上场下的一切，绝对是自己职业生涯中永远的亮点之一。

但是，他也错把艾弗森对自己的礼貌当成了信赖。当赛季即将结束，这名记者向艾弗森要电话号码时，他遭到了拒绝。因为艾弗森明确表示对他的信任只能到某个程度而已，但私人的联系方式，显然不在这个程度以内。

丹佛对艾弗森来说实在是有点小了。当地人很少会看到艾弗森出门娱乐，他只是偶尔会到一些还没去过的夜店里开个包间。相比之下，他更喜欢在丹佛的戴夫和巴斯特俱乐部打台球。这位乔治城大学出身的球星爱和队友打牌，有些牌局里也会赌上点钱。

曾任掘金队球员联络官的德维恩·莫里诺就表示："要是艾弗森了解你，就会对你推心置腹，但要是他不了解，就会防备重重。我记得与他一起去过几次（丹佛的）樱桃溪商场，他不喜欢人们朝他围拢过来。他无论如何都不会签名。他知道，要是他开始签名，这一天就毁了，因为他就得连续签好几个小时了。"

"跟你说实话，'答案'和'甜瓜'的关系好极了，"莫里诺说，"他们一起打了好多次牌。这两个家伙都超级有竞争意识。那时候谁不想跟'答案'一起玩呢？'甜瓜'不想当老二，但他俩也都不想冒犯对方。'甜瓜'喜欢做自己的事，可他们的关系非常近。两人都是摇滚明星一样的性格。我不认为丹佛人意识到了他们实际上有多伟大。"

刚和安东尼联手的艾弗森保持着警惕，他抵达丹佛之后一直要面对一些问题，比如他还能做多久的自己，以

及他和安东尼是否能够共存。

经历 15 场禁赛后，安东尼回归，掘金队终于迎来了期待已久的"双枪时代"。安东尼说在艾弗森还在乔治城大学打球时自己就是他的球迷，2004 年雅典奥运会时期，作为队友的两个人就谈论过一起打球的可能。

艾弗森和他就像是兄弟，都梳着脏辫，都喜欢戴头带和兼具耍帅与保护作用的长护臂，也都有彰显他们的信仰、体现他们对家人的爱与尊敬的文身。

关于两名超级得分手谁担任领袖的问题引起了各方的关注。初到新地的艾弗森身段放得很低，主动让位。"他刚来的时候我们坐下来谈过，他说'这是你的球队，我就坐后座吧，我在队里当老大当了十年了'，他要把这个任务传递给我。"安东尼说。而对于"双枪"能否共存的问题，艾弗森则表示会用行动证明质疑毫无道理。

2006—2007 赛季的掘金队阵容除了"双枪"以外，有着严重的缺陷，后场阵容可能是全联盟最差的，除了艾弗森，他们的另一位后卫布雷克只有 1.91 米，不到 80 千克，而被主教练乔治·卡尔青睐的老卡特虽然踏实肯干，但实力有限，加上原本的首发大前锋肯扬·马丁因伤早早赛季报销，原本打中锋的内内只能先顶到大前锋的位置上去。

那一年他们常规赛战绩 45 胜 37 负，排名联盟第 9 位。从战术角度看，虽然进攻节奏快，掘金队打的却并不是正宗的跑轰，他们只是利用攻守轮转快的优势，形成了半场阵地进攻。关键时刻，艾弗森会依据经验选择究竟是打快攻还是阵地战。

掘金队时期的艾弗森心智很成熟，增加了许多弱侧无球游走的接球投篮，因为安东尼在另一侧的牵制，艾弗森获得了很多一对一的单打机会，强行突破减少，终结进攻时面对的防守压力也减小了，这让艾弗森的进攻效率相比 76 人队时期大大提高。

　　但是，掘金队的弱点在于他们的进攻完全由"双枪"驱动，其余球员的自主进攻能力非常有限。坎比拉出来的"投石机"中投、内内的篮下强攻、J.R. 史密斯的强行三分球或突破是掘金队阵中为数不多的亮点，号称进攻大师的时任主教练卡尔实际上没有建立起有效的进攻体系。**总的来说，当时的掘金队只能算是一支进攻为主、防守不算差的季后赛搅局球队。**

　　果然，解决了靠着单干拿下的常规赛，吃力的季后赛来临了。而且，那一年掘金队首轮遇到的对手是异常强大的马刺队，那支马刺队后来在总决赛中横扫了骑士队。毕竟两队实力相差悬殊，掘金队输掉系列赛也在情理之中。

马刺队只用了 5 场比赛就解决了这轮系列赛，那一年的邓肯打出了场均 20.2 分、10.8 个篮板、5.4 次助攻、2.8 次盖帽的全面数据。而掘金队这边，安东尼场均 26.8 分、8.6 个篮板，命中率 48%；艾弗森场均 22.8 分、5.8 次助攻，命中率 36.8%。

除了在首场 22 投 11 中，轰下 31 分，帮助掘金队以 95：89 客场掀翻马刺队以外，艾弗森再无亮眼表现。那场胜利，也堪称"黄金双枪"合璧的典范，安东尼比赛中 18 投 10 中，砍下 30 分，并抢到 8 个篮板。可惜"黄金双枪"的同时发挥仅此一场，艾弗森随后在马刺队的顽强防守下迷失了。接下来的四场较量，艾弗森 92 次出手仅命中 31 球，命中率迅速降到了 33.7%。

"我感觉这是我职业生涯中最糟糕的一轮季后赛系列赛，"1：4 出局后艾弗森沮丧地说，"进入一个新的环境，我希望能帮助球队战胜困难并通过季后赛首轮，但是我却打出了这样的表现，我非常失望。"

"双枪"合作的第一个季后赛，艾弗森除第一场外，其他场次都发挥得不尽如人意，进攻端显出老态，速度、杀伤能力严重下滑。当然，马刺队鲍文的成功防守也不能忽视。关键时刻，艾弗森还是不够理智，和安东尼抢投，打英雄球，不按战术出牌。除了艾弗森的失常，主教练卡尔的排兵布阵能力也值得怀疑，掘金队外线哑火时，他没能有效应对马刺队外线防守扩大的问题。不过，考虑到两人和教练都是第一年合作，又遇到了强大的对手，况且安东尼整个系列赛效率不错，大家都把目光放到了第二年。

2007 年的休赛季，掘金队在阵容上着实下了一番功夫。他们补充了投篮出色、经验丰富的 32 岁矮个老将控卫查基·阿特金斯和麦克·威尔克斯，用雷吉·埃文斯从 76 人队换来了中锋史蒂文·亨特和艾弗森的"贴身保镖"、小前锋鲍比·琼斯，续约了上个赛季签下的自由球员沃恩·韦弗。当然，最大的好消息是球队的大前锋肯扬·马丁从伤病中恢复，而卡尔也把安东尼·卡特提到首发控卫的位置上。

一切似乎都井井有条，步入正轨。2007—2008赛季开始前，安东尼信心满满，乐观地表示这个赛季掘金队可以拿到60胜。然而新赛季只打了16场比赛，队内主力中锋内内就倒下了，他被诊断为睾丸癌，接受手术后赛季报销。所幸除了艾弗森的右手非位移性骨折和阿特金斯的疝气手术，其余球员没有出现严重伤病，基本保持了赛季中阵容的完整。

2008年新奥尔良的全明星赛，艾弗森和安东尼成为掘金队历史上继1988年的阿历克斯·英格利什和拉菲耶特·利弗后又一对同时成为全明星首发的队友，弥补了2007年艾弗森因脚踝伤势错过拉斯维加斯全明星赛的遗憾。

在NBA全明星赛时，安东尼希望球队可以赌一把，用克雷扎去换阿泰斯特。因为他已经隐隐预感到，此时场均失分105分的掘金队如果不增添防守悍将，很难在季后赛中走得更远。但主教练卡尔一直有一种迷之自信，即便他的队伍是在最后一刻逆转勇士队才以西部第八的身份如履薄冰地进入季后赛。

这一次，"双枪"在季后赛首轮遭遇的是比去年的马刺队更加不可战胜的洛杉矶湖人队。科比正处在身体素质、技术、心理都最完美的时期。更让掘金队球迷绝望的是，湖人队还从灰熊队"打劫"了保罗·加索尔——菲尔·杰克逊教练三角进攻体系中最完美的轴。

最终，湖人队以4：0的大比分横扫了掘金队。整个系列赛，湖人队的胜利完全建立在球队体系和超级巨星的实力之上。反观掘金队，安东尼的单打和球队的体系变成了两条平行线，始终没有任何呼应和交叉。而艾弗森在进攻端对比赛的影响力的下滑，虽然无法用数据呈现，但看过比赛现场与实况的人都会了然于心。在攻坚时刻，他很难再用强行突破去造成杀伤，不但吸引包夹的能力弱化了，防守的可比性更是没有。

这个系列赛唯一可以称得上波澜的片段，来自掘金队的场外花絮。安东尼在球队第四场输给湖人队后表示：全队从教练到球员从第三节开始就放弃了比赛。他的这一指责引发了卡尔教练和队友的极大不满，外界也开始怀疑安东尼作为球队领袖的心智是否成熟。

2008 年 11 月，新赛季刚刚开赛，已经失望的掘金队与活塞队交易，艾弗森与比卢普斯互换东家，短暂的"双枪时代"落下了帷幕。 那两个赛季，艾弗森还是联盟前十的巨星，安东尼也是炙手可热的超级新星。虽然他们的确都遭遇了强大对手的狙击，但两人联手连续季后赛一轮游的成绩也是不争的事实。**无论从战术、技术特点还是个人领导力层面，他们一闪而过的"黄金双枪"组合都证明，两者的搭档不过是个"美丽的错误"。**

"美丽的错误"

第二章

The

愤怒，
迷失底特律城

2008 年秋天，活塞队将总决赛 MVP、效力球队四个半赛季的比卢普斯交易到掘金队，换来艾弗森。 起初，艾弗森直言来到"汽车城"底特律是他生涯里赢得冠军戒指的最好机会，因为当时的活塞队尚存一丝 2004 年夺冠时的底蕴，但不巧的是，他恰好赶上了活塞队的重建期，在更衣室新旧球员之间格格不入，处境非常尴尬。而比卢普斯率领掘金队在当赛季杀入西部决赛的表现，又让他的境遇更加尴尬。与当年马布里和基德互换类似，艾弗森和比卢普斯的生涯评定也注定就此不同。

刚刚来到活塞队的艾弗森，受到了活塞队总裁乔·杜马斯的热烈欢迎，后者在记者会上表达了对他的期待和尊重，但让艾弗森没想到的是，生涯末期的噩梦就此开始了。 因为从赛季进程中对球队的期望看起来，杜马斯并没有设想艾弗森在球队中的长期角色，而是希望他能带带队内的新秀斯塔基，让他成为未来的控球后卫，并在艾弗森即将到期的合同中获得薪资空间。

说到斯塔基，他是底特律活塞队在 2007 年的选秀大会上，以首轮第十五顺位选中的来自东华盛顿大学的新秀球员，除了当时稍微突出的运动能力，他并没有让人看出具有特别的潜力。不过，他当时的一个举动倒是颇有"巨星范儿"，刚进入活塞队，他就选择了 3 号作为自己的球衣号码。要知道，活塞队 3 号球衣的上任主人是球队夺冠功勋"大本"华莱士，这一举动在当时就引起了一些争议。许多球迷认为这是对老将的不尊重，还有球迷认为这是个有心气的年轻人。毕竟身披 3 号球衣的传奇后卫数不胜数，这或许是一个不错的开始。

季前赛的斯塔基确实让人们看到了他选择 3 号球衣的资本——场均 32 分、5 个篮板、9 次助攻的豪华数据让人们开始憧憬他的常规赛首秀，如此出色的表现让人们相信他就是比卢普斯之后掌控整支球队的新星。然而在最后一场季前赛，斯塔基却弄断了自己的左手，不得不接受手术，这让他缺席了新赛季前两个月的全部比赛。

但是伤病没有让斯塔基没落，相反他在迟来的常规赛首秀交出了让所有人都满意的答卷。替补上场 6 分钟，拿下 11 分，这样的成绩单有足够的说服力让所有人相信他就是活塞队的未来，入选最佳新秀二阵似乎也再次印证了这一点。

斯塔基如此出色的表现让球队经理杜马斯十分满意，他开始试图把斯塔基作为球队的核心来培养。为了给斯塔基提供更大的发展空间，杜马斯直接在 2008 年 11 月把总决赛 MVP 比卢普斯送到了掘金队。尽管人人都知道杜马斯偏爱斯塔基，可是没有人想到这一切会发生得这么突然。

而送走比卢普斯换来的回报，是 3 号球衣的代言人——只身单挑紫金王朝的前 MVP——艾弗森。一般为了表示对老将的尊重，年轻球员会主动为老将让出球衣号码。但是杜马斯的偏爱似乎给了斯塔基任性的底气，他拒绝为艾弗森让出 3 号球衣，而艾弗森这位名人堂级别的球员，也不得不平生第一次穿上 1 号球衣。

在艾弗森初到活塞队时，他在活塞队更衣室很受欢迎，与活塞队老将华莱士等人相处得也不错，能看到不少他们在更衣室中嬉闹的画面。而赛季初期，**有艾弗森加盟的活塞队甚至在一周内连克当时联盟最强的两支球队——詹姆斯的骑士队和科比的湖人队**。艾弗森在底特律的前五场比赛中也有四场得分达到 24 分，并且赢得了其中的三场胜利。这让当时的活塞队球迷喜出望外，更加期待艾

弗森和活塞队的表现。

但是随着赛季的深入，各种问题也暴露了出来。最初活塞队不顾多年情谊，不惜以他们的总决赛 MVP 为筹码换来艾弗森，有一个非常重要的因素，是希望艾弗森能和汉密尔顿这样的后卫组合产生良好的化学反应。

在活塞队看来，艾弗森属于需要大量球权的控卫，而汉密尔顿又属于十分擅长无球跑动的得分后卫，仅从这个角度来看，这个后场组合在进攻端简直天衣无缝，然而最后的结果却是，艾弗森无法顺利地把球送到经过一系列无球跑动后的汉密尔顿手中，汉密尔顿也无法适应艾弗森的打法和节奏。

进攻端的磨合效果很差，防守端更是可怕。由于身材的原因，艾弗森的防守本来就不是很好，但是他又喜欢赌博式的防守，早在 76 人队时期，艾弗森就不以防守见长，而到了活塞队，随着年龄增长、体力下降，艾弗森的防守更是糟糕。

如果说改披其他号码球衣只是让艾弗森略有不适，但并没有太大的异议，那么最让他接受不了的是，在掘金队场均得分还是联盟第三的他，到了活塞队居然要给那个占了他 3 号球衣的毛头小子斯塔基打替补。要知道，赛季初活塞队主帅迈克尔·库里还信誓旦旦地跟艾弗森说，一定会保证艾弗森的主力位置与上场时间，但在赛季中迈克尔·库里却违背了给予艾弗森的承诺，把他降为替补。

在接受采访时艾弗森说：**"我是历史级别的球星，我从未见过一个历史级别的球星打替补，我从未见过奥运会球员打替补，我从未见过全明星球员打替补，我从未见过联盟 MVP 打替补，我从未见过 4 届得分王打替补，我从未见过联盟最佳阵容一阵球员打替补，为什么是阿**

伦·艾弗森？为什么我得打替补？" 愤怒的艾弗森随即以拒绝训练作为回击。艾弗森公开表示，自己宁愿退役，也不愿按照活塞队主教练迈克尔·库里的决定被调到替补席。

自尊心极强的艾弗森与球队管理层和教练的矛盾也就此展开。作为当时联盟人气最高的球星之一，虽然状态下滑而且在活塞队表现不佳，但是他依然入选了那一年在菲尼克斯举办的全明星赛的首发。

作为一个敏感且性格叛逆的明星老将，艾弗森有着自己的执拗——即使不让我首发也不改变自己的坚持。这样的处理，使得艾弗森与教练的矛盾越来越深。而随着他年龄的增大，状态下滑与伤病不断也让他在教练和管理层心中的地位不断下降。

赛季中期，艾弗森在一次受伤休战数日后复出，只获得了 18 分钟的上场时间，赛后接受采访时，他表达了自己强烈的不满："我真的不明白我急着复出是为了什么，只为了 18 分钟？我闭着眼睛也可以打 18 分钟！"

到了常规赛最后一个月，艾弗森又因为背伤复发而提早放暑假。而由于艾弗森与球队决裂，活塞队管理层以伤病为借口将他排除在季后赛出场名单外。虽然后因报名人数限制原因，艾弗森又进入名单，但他却从未出场。这一年，活塞队以东部第八的身份压线进入季后赛，在首轮就被骑士队以 4 ∶ 0 横扫回家。

活塞队时期的艾弗森在底特律遭遇了彻底的迷失。这个赛季，艾弗森职业生涯首次场均得分低于 20 分，这样的数据宣告了他自此正式退出一线球星的行列。 对此，活塞队从上到下，并未觉得有太多不妥。毕竟在他们看来，艾弗森不过是一个在职业生涯暮年来此的老将，在他因背伤休战的时段，队伍又打出了不错的成绩，看起来他们的操作并没有什么错。如果说他们有什么想反省的,送走比卢普斯或许更值得复盘。毕竟活塞队管理层当年打的算盘,不过是凭借艾弗森的明星影响力进行平稳重建,顺便多卖点门票而已。

首次场均得分
低于 20 分
正式退出
一线球星的行列

第三章

The

妥协，

三连败后告别

在与活塞队的合同结束后，艾弗森毫无意外地被排除在了球队新赛季的大名单之外。后来，他告诉 *ESPN* 的记者斯库普·杰克逊，说自己在活塞队打球的一年是**"职业生涯的低谷"**，因为他认为当时的主教练迈克尔·库里在承诺他首发的问题上说了谎。"在他来到底特律后，他并没有很好地融入球队的战斗体系。"一位 NBA 总经理总结道。

2009 年，到处找工作的艾弗森壮心不已："要证明那些过去一年来诋毁我的人都是错的。"但 NBA 是个生意场。联盟的经济格局正在发生变化，以前的艾弗森的确极具威力，但是在不稳定的经济背景下，没有球队乐意在艾弗森身上下赌注。

在去年 10 月被交易到活塞队后，他确实增加了底特律的票房号召力。但是这种情况并没有持续太久，球迷的热情很快就消减无遗，慢慢地艾弗森开始变得不受欢迎。**在他的巅峰期，他的街头风、叛逆和直白是个性。但等他渐渐年长、状态下滑时，这一切就是不懂规矩。**

2009 年 9 月 10 日，艾弗森自己选择加盟了孟菲斯灰熊队，与他们签订了一份为期一年 350 万美元的合同。他与灰熊队的老板迈克尔·海斯利相谈甚欢："上帝选择孟菲斯作为我继续职业生涯的地方，我觉得他们致力于培养一个赢家。"

由于腿筋受伤，艾弗森缺席了季前赛，新赛季之前也只参加了 3 天的训练。在灰熊队 11 月 3 日的赛季第一场比赛里，他令人惊讶地替补出场，18 分钟内得到 11 分，但球队在客场输给了萨克拉门托国王队。

艾弗森最知名的一段语录来自他在 76 人队时著名的"你们居然跟我讨论训练……"的咆哮。但在那场对阵国王队的比赛之后，他

有了一段更负面的咆哮，只不过流传范围要小得多，当时他对着客队更衣室里的媒体、教练和队友直言不讳地表示他对替补登场非常不满，他应该首发，艾弗森没有说他应该代替谁首发，但人们普遍认为他指的是康利。目瞪口呆的梅奥站在他的柜子前面，听到了每一个字。直到很久以后，梅奥都说自己一直牢牢地记得那天晚上发生的事。

在那次臭名昭著的咆哮之后，艾弗森表示：**"我这辈子从来没打过替补，也不打算开始把自己当成替补。要是我们赢球，我可以只打 10 分钟也很高兴。要是我们输球，我就疯了。"**

一位灰熊队的球员说："当时球队处境艰难，要在一位传奇巨星与帮康利建立信心之间做出权衡。"实际上，艾弗森在对阵国王队的比赛里表现相当不错，要是没有那场更衣室里的咆哮，他最终完全有可能取代康利的首发位置。

等他的情绪平静下来，有灰熊队球员问艾弗森："你这么沮丧的真正原因到底是什么？"

"我的人究竟会怎么想。"他坐在自己的柜子前，看着手机短信，静静地答道。艾弗森看到有球迷在看台举起横幅——**"我们是来看'答案'比赛，而不是看他坐板凳的。"**

 "你这么沮丧的真正原因到底是什么？"

"我的人究竟会怎么想。"

　　"我的人"指的是他的家人和朋友，也许还包括这些球迷。虽然这很难接受，但艾弗森内心深处很可能也知道，他在球场上作为"答案"的日子就要结束了。而在心理上，接受和以前完全不一样的自己更让他痛苦万分。

　　实际上，已经 34 岁的艾弗森，有着在 NBA 中最为尴尬的年纪。看看联盟里的同龄人，"疯子"范·埃克塞尔在马刺队给托尼·帕克打替补，上场扔两个三分球，然后回替补席坐下，当年退役；"小飞鼠"达蒙·斯塔德迈尔在马刺队给托尼·帕克打替补，上场扔一个三分球，然后回替补席坐下，当年退役。

　　如果你 28 岁，还会有球队给你开一份 5 年大合同，一边围绕你建队一边思考着你退役后球队的未来。但是 34 岁？没有球队肯为你伤筋动骨了。他们宁可去培养自己的斯塔基和迈克·康利，作为老将或是名宿，你就负责每场打个十几分钟教导一下新人，顺便帮忙卖卖季票就可以了。毕竟，并不是所有人都能像纳什一样幸运——35 岁仍是球队核心，还又重新幸福地跑轰起来。

　　平心而论，灰熊队给艾弗森的上场时间并不算少，三场比赛分别是 18 分钟、28 分钟、21 分钟。灰熊队对他的期望也很明显，每场在板凳上拿下十五六分，给年轻的球队带来斗志和经验。换成其他任何一个 34 岁、拿着 350 万年薪的小个球员，这样的待遇和期望都足够靠谱。但灰熊队错就错在他们忘了这个人是阿伦·艾弗森，他来到孟菲斯的目的并不是要一份养老合同，而是重新证明自己，带领球队获得胜利。

　　11 月 4 日，灰熊队客场挑战勇士队，新秀斯蒂芬·库里首发出战，这时候艾弗森只能打替补。这场比赛，艾弗森表现出色，全场 12 投 8 中得到 18 分，外加 7 次助攻。不过灰熊队输在防守，他们让对手打出 54% 的高命中率，最终以 105 ∶ 113 不敌勇士队。

11 月 7 日，在灰熊队客场打湖人队的赛前采访中，艾弗森对灰熊队依然还有强烈的归属感，他对媒体表示："不要再谈论我的问题了，谈一下我的球队。"而比赛过程呢？第四节科比用一次又一次的翻身跳投教训着防守他的梅奥，就像 1998 年全明星赛上乔丹教训科比一样。

那天晚上，科比砍下 41 分，生涯总得分超过艾弗森，并且攻破 24000 分的大关，成为得到该分数最年轻的球员。而艾弗森此时就在灰熊队阵中，他替补出场得到 8 分，绝大多数时间，他都坐在替补席上，默默地注视着科比的得分表演，清澈的眼中，浮现的全是自己风驰电掣的日子。在板凳上看着这一切，接受三连败，对一个职业生涯一直以来都以胜利为目标的斗士而言，是一种侮辱，他宁可选择在场上输给科比，也不愿束手待毙。

但现在的艾弗森已不是斯台普斯球迷的眼中钉了，他们甚至提不起嘘他的兴趣。打完湖人队的第二天，艾弗森离开了灰熊队，回到了自己在亚特兰大的家。谁也不知道他什么时候回来，或者，他还会不会回来。

作为一个好胜心很强的人，艾弗森多少有些难以容忍球队和自己的现状，所以他多次表达了自己对教练安排的不满。灰熊队主帅霍林斯表示，他理解艾弗森的观点，但是他仍会坚持自己的看法。艾弗森认为，两人之间缺乏沟通。

"我认为这是其中最糟的事情，"艾弗森说，"发生这么多事情后，我们还没有彼此进行过交流。这可能也是走到今天这一步的关键，我们之间没有一次正式的谈话，所以我们两人如今都不愿正视对方，毕竟我们没有交流过。很明显，如果你们有着共同的目标，那么这是必须经历的一步。"

霍林斯教练肯定有自己的考虑，他可能更想帮助灰熊队的年轻球员崛起，从而让球队更快重建。不过艾弗森却称，自己并不想为任何计划重建的球队效力，他加盟灰熊队之前，也没有人告诉过他这个赛季球队的目的仍是重建。

"我不想成为对任何球队都没用的人，"艾弗森说，"我就是靠打球来帮助球队，就是这样，我不需要去刻意表明这点。很明显，球队签下我有他们的原因，他们看过我这 13 年的比赛，他们清楚我能在球场上做什么，所以我不需要再去刻意表明自己能够出场，或者其他类似的事情。我只想好好地打球。我听到的关于孟菲斯灰熊队的新闻里，你们媒体除了说我打替补的情况之外没有别的。我的意思是，这支球队除了此事之外还有许多值得关注的，但我猜可能是其他方面的新闻都不那么好卖。"

艾弗森最大的愿望就是通过自己的努力帮助球队赢球，但现实似乎难以达到他的预期，球队老板海斯利表示自己支持霍林斯，并且认为艾弗森的言论不合适。

"我每次说话都是正确的吗？我觉得不是这样。"艾弗森说，"但大家的最终目标都应该是赢球，这是所有问题的关键。"

但艾弗森的求胜心，却不能为他换来任何真正的理解。主帅霍林斯表示，自己并没有想要跟艾弗森坐下来谈谈的打算。"每个球员都有自己的观点、价值观和期待，不过我需要执教的是这一整支球队，"霍林斯说，"我没必要专门去跟艾弗森谈话，他是个斗士，我们一切都会好起来……他有权说出自己想说的话，而我也有权说出自己想说的。"

此后，心灰意冷的艾弗森宣布以"个人原因"离开球队。11 月 16 日，灰熊队以"双方同意"的方式宣布终止了他的合同，艾弗森也就此成为 NBA 历史上首位在赛季中途就被球队裁掉的 MVP。在灰熊队

这短暂的 3 场比赛里，艾弗森场均获得 22.3 分钟的上场时间，为球队贡献了 12.3 分和 3.7 次助攻。而仅仅代表灰熊队打了 3 场比赛就一走了之的任性或是自尊，也几乎就此断送了他在 NBA 所有经理眼中的合作价值。

也许，媒体会拿出一些超级巨星在生涯暮年成功转型的例子告诉艾弗森，应该摆正自己的位置。但他们中能安然度过自己生涯暮年的那些人，大都身处冠军队伍，他们每个星期都能享受两三场的胜利。而孟菲斯灰熊队呢？在艾弗森到来之前，媒体甚至连看都不会多看一眼。记者宁可去报道"穆托姆博替补登场高效送出 5 次盖帽"，也不愿意写"梅奥 29 分 +4 次助攻难阻球队 7 连败"。

2009 年 11 月 26 日，艾弗森发布公开信，宣布退役。不过一天之后，艾弗森暂时收回了退役决定，原因是曾经的每队费城 76 人队有意迎回艾弗森，让他以主力的身份打完剩下的 2009—2010 赛季。

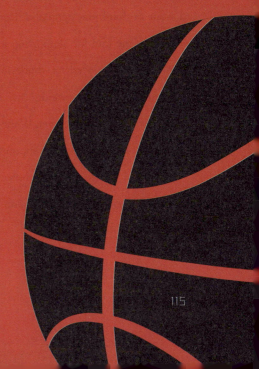

TO
ALL OF
MY FANS:

I would like to announce my plans to retire from the National Basketball Association. I always thought that when I left the game, it would be because I couldn't help my team the way that I was accustomed to. However, that is not the case.

I still have tremendous love for the game, the desire to play, and a whole lot left in my tank. I feel strongly that I can still compete at the highest level.

Stepping away from the game will allow me to spend quality time with my wife and kids. This is a reward that far exceeds anything that I've ever achieved on the basketball court. I have prayed for this day and I see it as my greatest gift.

I want to thank the people of Reebok International Ltd., for always allowing me to be me and for supporting me my whole career through all the ups and downs. I have enjoyed 13 wonderful seasons in the NBA, and I am grateful.

I want to first acknowledge my fans everywhere, who have been with me throughout my entire career. Without you, there would be no me. You should all know that I appreciate your support from the bottom of my heart. Thank you!

To Michael Jordan, Magic Johnson, Isiah Thomas, Charles Barkley and Larry Bird, you guys gave me the vision to play the game that will be forever in my heart.

To my mom, who encouraged and inspired me to play every day, and to all of my family and friends who stood by me from the beginning. Thank you!

To my high school coach, Michael Bailey, Coach John Thompson at Georgetown University, Coach Larry Brown and to all of my other coaches, teammates, administrators, owners and staff who've been a part of my career, Thank you as well

I'd like to give a special thanks to the people of Memphis. I never played a home game for your beloved Grizzlies, but I want you to know how much I appreciate the opportunity given me by a great owner in Michael Heisley, and the support of the city. I wish the Memphis Grizzlies' organization all of the success that the game has to offer.

And finally, to the city of Philadelphia: I have wonderful memories of my days in a Sixers' uniform. To Philly fans, thank you. Your voice will always be music to my ears.

致
我所有的
球迷们：

我想向大家宣布我从NBA退役的计划。我一直认为，我选择离开球场，一定是因为我无法用我熟悉的方式帮助我的球队。然而，事实并非如此。

我依然对篮球充满极大的热情，对比赛充满渴望，我的身体依然强健。我强烈地感觉到自己仍然可以在最高水平的舞台上和别人同场竞技。

离开赛场让我能够和我的妻子、孩子度过更美好的时光，这份奖励远超我在篮球场上所获得的任何荣誉。我一直在为这一天的到来而祈祷，也会把这看作上天给予我的最好的礼物。

我想感谢锐步公司的工作人员，感谢他们能让我做自己，并且在我职业生涯的巅峰和低谷都一如既往地支持我。我在NBA已经度过了13个精彩的赛季，我很感激。

我首先要感谢的是我各地的球迷朋友，你们在我的整个职业生涯中一直陪伴着我。没有你们，就不会有现在的我。我希望你们知道，我是发自内心地感谢你们的支持。谢谢！

迈克尔·乔丹、"魔术师"约翰逊、伊赛亚·托马斯、查尔斯·巴克利、拉里·伯德，是你们给了我篮球上的引导，我会永远铭记于心。

妈妈，是你鼓舞和激励我每天去打球。还有从一开始就站在我身边的所有家人、朋友，谢谢你们！

　　我的高中教练迈克尔·贝里、乔治城大学的教练约翰·汤普森、教练拉里·布朗，以及所有在我职业生涯中非常重要的教练、队友、球队经理、老板和工作人员，也感谢你们！

　　我还想向孟菲斯的人们致以特别的敬意。我没能为你们所热爱的灰熊队打过一次主场比赛，但我想让你们知道，我真的非常感谢灰熊队的老板迈克尔·海斯利给我的这次机会，以及这座城市对我的支持。我希望灰熊队今后能百战百胜，取得更大的成功。

　　最后，我想对费城的人们说：身穿76人队球衣的日子，对我来说是一段美妙的回忆。费城的球迷们，谢谢你们！你们的声音将永远是我耳旁最动听的音乐。

PART 5

悲情英雄

终落幕

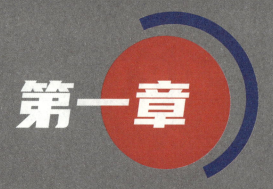

第一章

The

落叶归根，
重回费城

2009 年 11 月 25 日，篮球评论员史密斯在他的博客上发表了一份声明，声称艾弗森宣布了自己的退役计划。但仅仅一天之后，艾弗森就收回了他的话，还补充说："我强烈地感受到，我仍然可以在最高水平上竞争。"

11 月 30 日，同样处境不佳的老东家 76 人队向曾经的队魂抛出了橄榄枝。艾弗森和他的经纪人会见了费城 76 人队的代表团，讨论了回到自己母队的可能性。两天后，艾弗森接受了 76 人队提供的一份为期一年的合同。76 人队总经理埃德·斯特凡斯基拒绝透露协议条款，但一位不愿透露姓名的消息人士表示：艾弗森同意以联盟最低工资为标准签订一份为期一年的无担保合同。

在这份合同里，艾弗森将获得至少 10 年经验的球员 130 万美元最低工资的按比例分配的部分；如果他在 2010 年 1 月 8 日还能留在球队名单上，合同将在 2009—2010 赛季的剩余时间内转为保证合同。

2009 年 12 月 3 日，艾弗森宣布与费城 76 人队正式签约，他将与安德烈·伊戈达拉联手，共同带领球队冲击季后赛。"答案"再次回到赛场，重披费城 3 号战袍。

在球队为他召开的新闻发布会上，艾弗森眼含热泪，他穿上了久违的 3 号球衣，说希望让一切重新开始，也希望能在费城退役。没想到最后这句话一语成谶，这个赛季之后，他再也没能回到他曾经热爱的 NBA。

上个赛季，艾弗森加盟活塞队后就曾经发表过"不打首发就退役"的言论。而在本赛季加盟灰熊队后，他原本以为在这帮年轻人面前能获得更多的出场机会，但结果却截然相反，艾弗森仍然将板凳席坐穿，这也成为艾弗森最后与灰熊队决裂的直接原因。

在费城 76 人队正式宣布重签阿伦·艾弗森之后，76 人队的现任主教练埃迪·乔丹就通过《费城每日新闻报》公开承诺：76 人队会为 34 岁的"答案"提供首发后卫位置。"我们正在考虑多种可能性，艾弗森也必须适应如今的 76 人队，"乔丹表示，"我们正在寻找一份最适合我们的方案，但很明显，我想我会给他提供首发的位置。我和球队还没有正式谈过这个问题，但这是一个思考的过程，当我做出决定的时候，我会第一时间反映给球队。"76 人队主教练乔丹此番公开表态，对艾弗森来说无疑又是回归后的一大好消息。

12 月 7 日，76 人队主场迎战掘金队，说来也巧，掘金队是艾弗森职业生涯中效力过的第二支球队。2006 年，艾弗森第一次离开费城就是被 76 人队交易到掘金队的。

在这个赛季刚开始的时候，球馆 20 排之后一直空着大量座位，76 人队的上座率在整个联盟显得相当惨淡。而艾弗森时隔三年后重返费城的首秀，让 76 人队主场的球票变得一票难求。

当艾弗森和队友在 76 人队主场亮相时，这位曾经的费城之子获得了现场观众雷鸣般的掌声。在 76 人队，艾弗森度过了他职业生涯最开心的一段时光，虽然最终缘尽散场，但是艾弗森对 76 人队一直都非常痴情。**进入赛场的艾弗森做的第一件事就是趴在球场的地板上，深情地亲吻球场中央的"76ers"标志。当这一幕出**

现时，所有的球迷都被感动了，很多人泪洒当场。

不过，此时的艾弗森状态已经大不如前。在这场比赛中，他 11 投 4 中，拿下 11 分、5 个篮板、6 次助攻，未能帮助球队取得胜利。这场充满温情和回忆的"时光秀"的结局，是 76 人队以 83：93 不敌掘金队。但是，这并不妨碍人们对他的喜爱，无论走到哪里，艾弗森都是 76 人队的一个符号，这才是真正的超级巨星。

一周后，在与金州勇士队的比赛中，艾弗森带领 76 人队取得了回到费城后的第一场胜利。在本场比赛中，他以 70% 的高效命中率得到 20 分，结束了 76 人队令人尴尬的 12 连败（在艾弗森回归之前，这场连败持续了 9 场）。而在以 91：99 输给湖人队的比赛中，他以 56% 的投篮命中率得到了自己本赛季最高的 23 分。

虽然已日渐迟暮，但艾弗森依旧在努力地证明着自己还能打。有些比赛，他依旧能拿下 20+ 的得分，有些动作也在重现过去的经典，球迷依旧为他喝彩。"他回归后，全场球迷就不断要我们把球给他表现，这里依旧是他的城市。"萨缪尔·戴勒姆波特说道。伊戈达拉则表示："他赋予球队的文化，在方方面面引导着我们。"

重返 76 人队后，艾弗森一直与自己的老东家相处融洽。他甚至放弃了自己标志性的单打独斗，积极组织为队友输送"炮弹"。能看出来，"答案"希望在老东家有一个好的结局，毕竟是 76 人队将他从退役的深渊中解救出来。

在这一年结束时，艾弗森连续 11 个赛季被选为全明星赛首发球员。而在本赛季已经为 76 人队出战的 22 场比赛里，他场均可以得到 14.7 分、4.2 次助攻。

但是与此同时，艾弗森的家事却让他分了心。**2010 年年初，艾弗森 4 岁的小女儿米莎耶突然罹患怪病，一直高烧不退。** 艾弗森对此十分忧虑，而他的妻子则心情更糟糕。"最糟糕的是他们现在仍然在试图找到她的病因。"当艾弗森的密友谈到米莎耶的病情时表示。

由于要在亚特兰大陪伴和照顾生病的女儿，艾弗森缺席了 76 人队的三场比赛，对他何时可以回归，球队也没有一个明确的时间表。76 人队在全明星周末之前还有最后两场比赛，他们已经做好了没有艾弗森的准备。最终，艾弗森还是没能赶上在达拉斯牛仔体育场举行的 2010 年全明星赛。76 人队总经理斯特凡斯基表示，艾弗森至少还要缺席 76 人队剩余的三场客场比赛。

"他的身体在球场上，不过心思却完全在他的家庭上，"76 人队后卫威利·格林说，"所以他需要一段时间去处理。"的确，在全明星赛之后复出的三场比赛中，艾弗森场均只有 8 分以及 25% 的命中率。

"我们很理解，"76 人队主帅埃迪·乔丹在谈到艾弗森的缺席时说，"他女儿的病情到现在也未能明确，做父亲的心情可想而知，阿伦本赛季能否回归，我想也会和他女儿的病情息息相关。"

而当被问到家庭问题的时候，艾弗森说：**"我有五个孩子，都很健康，但是这个女儿的病情却有些特殊，我一直以为我能搞定身边所有的事情，但这一次完全不同。当面对自己的孩子的时候，我发现我很难做到以往的镇静和强韧，唯一能做的就是求医和祈祷。"**

显然，艾弗森对待家庭的态度获得了队友的极大包容，"家庭永远是第一位的，如果换作是我，我也会做同样的决定。"格林在谈到艾弗森的时候说。"他很强悍，也很有职业精神，"萨缪尔·戴勒姆波特说，

"不过家庭才是第一位的，我能理解他的做法。"

对于艾弗森的缺席，球队总经理斯特凡斯基也表示了理解："我们全力支持他去料理家事，也都知道问题比较严重。在这一刻，家庭比篮球重要得多。"

2010 年 2 月 20 日，在对阵德里克·罗斯所在的芝加哥公牛队的比赛中，艾弗森得到了 13 分，但球队却未能改变失利的结局，这场比赛也成为他 NBA 职业生涯的最后一战。**当天，他因为处理个人事务离开了球队；两天后，艾弗森宣布无限期离开 76 人队。之后很久，外界才知道当时他四岁的女儿被确诊患有川崎病（黏膜皮肤淋巴结综合征）。**

私下里，76 人队主帅乔丹就曾经对自己的球员们说，艾弗森可能再也不会回到球队中了。就家庭与比赛的问题，艾弗森与教练和总经理进行了专门的商讨。熟悉球队内情的人士表示，76 人队虽然现阶段只处于东部第十，但还存在冲击前八的可能。在几名伤兵慢慢恢复健康之后，76 人队显然不希望艾弗森的不确定性给球队的化学反应带来任何影响，所以球队的管理层倾向于结束与艾弗森的合同。

3 月 2 日，76 人队总经理斯特凡斯基对外宣布：

"在与艾弗森讨论后我们决定，本赛季剩余的比赛他将不会出现在球队当中。他本人也不希望因为个人问题让队友们受到影响。艾弗森一直试图在家庭和事业间寻求平衡，但目前来看他很难找到这个平衡点。"

76 人队主教练埃迪·乔丹也对艾弗森因女儿病重而离队表示了理解："我认为在现在这个时候，艾弗森的选择是正确的。无论如何，他在 NBA 的历史中都是一位伟大的球员。"

在代表 76 人队出战的最后一个赛季，艾弗森为球队打了 25 场比赛，取得了场均 13.9 分、4.1 次助攻的数据。

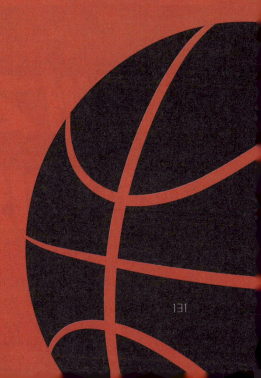

最后一个赛季

25 场比赛

场均 13.9 分

4.1 次助攻

第二章

The

欧洲之旅，
惨淡收场

对艾弗森来说，与 76 人队的这次提前解约，很可能导致他彻底从 NBA 退役。**在去年和灰熊队分手之后，全联盟就一度没有球队愿意接受艾弗森，原因很简单——艾弗森桀骜不驯的性格、不断增长的年纪以及他在防守端的漏洞。**

这次重返 76 人队，虽然艾弗森在球场上尽了最大的努力，但因为左膝积水的长期伤病影响、离婚纠纷以及女儿的病情，他不断打打停停，没办法完全把心思放在球场上。

7 月 6 日，艾弗森发表声明，希望能重新返回 NBA。对于艾弗森本人来说，他从未想过轻易放弃篮球，他对这项运动仍无比热爱。但现实是残酷的，他能否继续自己的 NBA 生涯，或者说篮球生涯，主动权早已不在自己。这个休赛期，艾弗森苦等 5 个月却没有收到任何球队的邀请。为了继续职业生涯，艾弗森只得另觅他处。

在等待之时，土耳其媒体传出消息，爆料艾弗森将与本国的一支球队签约。对此，艾弗森的经纪人摩尔表示："我们现在的确在和贝西克塔斯队进行着非常正式的谈判。"摩尔接受采访时说："伊斯坦布尔的所有事情都让我们觉得很美妙，这是我们现在意识到的一点。这里的篮球水平距离美国并不遥远，这里的联赛也非常有竞争性，这些因素都让这里充满着魅力。"摩尔透露，艾弗森愿意加盟土耳其俱乐部的原因非常纯粹——

"他只是想打篮球罢了。"

据了解，艾弗森及其团队与土耳其方面一直在谈判却始终没能达成协议的原因在于，艾弗森不希望球队拥有对他的新合同进行超额罚款的权力，他希望将自己新赛季被罚款的额度控制在自己个人年薪的

1% 以内。

值得一提的是，贝西克塔斯队是土耳其甲级联赛中最优秀的球队之一，他们期待艾弗森方面可以早点确定合约内容，以便让他赶上即将开始的联赛。如果艾弗森继续延迟他和球队的签约时间，他获得的年薪可能会因为出勤场次不够而减少。不过，艾弗森方面的谨慎也不无道理。贝西克塔斯队曾经有拖欠外籍球员薪水的不良记录，昔日的美国球员罗尼·巴克斯特和他的经纪人就曾经因为此事和他们对簿公堂。

此前，关于艾弗森新赛季的去向，也有他将前往中国CBA（Chinese Basketball Association，中国男子篮球职业联赛）俱乐部打球的流言，但摩尔表示，当时确实同 CBA 的球队进行过谈判，但最终没有成功。另外摩尔也承认，艾弗森到现在仍旧没有获得任何 NBA 球队开出的合同。

"我们对此感到非常惊讶，竟然没有一支球队对艾弗森感兴趣。"摩尔表示，"我对此真的无法理解。"

2010 年 10 月 30 日，在将所有合同细节落实后，艾弗森与土耳其贝西克塔斯俱乐部在纽约召开新闻发布会，正式宣布艾弗森与土耳其贝西克塔斯俱乐部签约，合同为两年 400 万美元。艾弗森在新赛季仍将身穿 3 号球衣。

11 月 17 日，艾弗森迎来了他在贝西克塔斯队的首秀。全场比赛艾弗森贡献了 15 分，但贝西克塔斯队却没能战胜联盟杯对手赫莫法姆队。**作为昔日 NBA 赛场上的超级巨星，艾弗森的首秀赢得了贝西克塔斯球迷的热烈欢呼，甚至有人打出了**

"阿伦·艾弗森——贝西克塔斯之子！"的标语。然而回到土耳其联赛中，艾弗森首次出战只打出了 6 投 1 中、2 分、4 个篮板的糟糕表现，联赛首秀也以球队失利告终。

11 月 28 日，艾弗森终于迎来了代表贝西克塔斯队出战的首场胜利。在贝西克塔斯队以 94∶85 击败联赛副班长特拉布宗队的比赛中，艾弗森上场 28 分钟 9 投 5 中，得到 14 分，送出全场最高的 8 次助攻。

12 月 4 日，在贝西克塔斯队对阵埃德纳队的比赛中，艾弗森 10 投 3 中，得到 10 分、5 次助攻，再次帮助球队获胜。然而在这场比赛中，艾弗森腿部被撞伤。虽然他此后又在联盟杯的比赛中出战并得到 9 分、5 个篮板、3 次助攻，但这场比赛过后，贝西克塔斯方面宣布艾弗森腿部受伤，艾弗森因此连续缺席了 4 场比赛。

12 月 27 日，艾弗森终于迎来了伤愈复出。这次恢复后，艾弗森状态奇佳，连续 4 场比赛都表现优异，接连刷新自己加盟贝西克塔斯队以来的得分纪录。其中，复出的前两场比赛分别拿下 20 分和 26 分。但艾弗森的个人表现却没能让球队有大的起色，除了复出首战带领球队获胜外，另外 3 场比赛贝西克塔斯队全部落败。

就在所有人都认为艾弗森已经渐入佳境、随时爆发之际，事情却突然发生变化。**2011 年 1 月 14 日，在土耳其联赛贝西克塔斯队对阵埃德米尔队的比赛前，贝西克塔斯俱乐部官网发布消息称，阿伦·艾弗森因腿部旧伤复发，需要手术，无法上场，而且很可能因此休养大约 6 周时间。这让艾弗森的土耳其之旅蒙上了厚厚的阴影。**

其实，自去年夏天和贝西克塔斯队签下两年合同后，艾弗森在土耳其过得很开心。即使关于他在土耳其破产或失意的各种流言不断，艾弗森还是通过媒体表示，自己在贝西克塔斯队很快乐。

　　我们无从得知艾弗森说的这种快乐是来自球场之内，还是球场之外。艾弗森热爱赌博，但赌博在土耳其国内是非法活动。于是，在贝西克塔斯队打球的时间，他经常乘飞机去保加利亚打牌取乐。而艾弗森染上酒瘾，则是更早之前的事了。酒精成瘾后对身体造成的伤害甚至高过香烟，酒精会麻痹神经、降低运动能力。

　　腿部接连不断的伤势成了艾弗森眼下最大的阻碍，而最令人感到痛心的地方在于，这次的伤势似乎并不像人们之前想的那样，通过一段时间的休养便能立即重返赛场。为了确定伤情，艾弗森决定回美国找医生进一步确诊，找出最好的治疗方案。

　　回到美国的艾弗森，接受了著名外科医生詹姆斯·安德鲁的检查，医生诊断他的伤情为右侧小腿继发性出血钙沉淀，正是这个伤让他的右腿无法发力。安德鲁医生说："他伤病的部位非常棘手，因此我们决定先试着保守治疗，不用手术。"在接下来的治疗中，艾弗森需要接受消炎注射来减轻腿部肿胀。之后他要完全地休息两个星期，而这将限制他的伸展和下半身力量的练习。

　　安德鲁估计艾弗森至少需要四到六周康复，"也许需要的时间更长"。但是艾弗森表示希望能够在土耳其联赛的季后赛之前回到球队。之前有人质疑，艾弗森编造了伤情，目的是重回 NBA，但是安德鲁医生对这种说法进行了反驳："这不是他的借口，他的小腿确实出了问题。他想回到球队打球，如果可能的话。我不会说他的赛季已经结束了。如果依旧不能使伤情稳定下来，我们将选择手术切除。但是我们会让他及时回去。"

　　不过，异国的人们可没有医生这样好的耐心。**就在 1 月底，土耳其权威网站的头版上已经打出"再见，艾弗森！"的**

字样，之后就传出了贝西克塔斯队认为艾弗森不会在本赛季重新返回队中，并希望寻找艾弗森替代者的消息。

上个赛季的 NBA 赛场上，爵士队球员桑提亚戈·甘宁斯因为绝杀了骑士队而一战成名，然而在夏天的自由市场上他却无人问津，只得依靠短合同辗转其他球队。他的表现引起了贝西克塔斯队的关注，在艾弗森回国治伤后，贝西克塔斯队希望找到一个替代者，双方也因此有了初步的接触。

不管是保守治疗还是手术切除，艾弗森都将因为小腿的伤势缺席土耳其联赛剩余的赛事。**从加盟贝西克塔斯队的首战开始，艾弗森共代表球队出战过 10 场比赛，其中包括 3 场欧洲联盟杯的比赛和 7 场土耳其联赛的比赛。在为贝西克塔斯队出战的 3 场联盟杯比赛中，艾弗森总共 27 投 10 中，得到 28 分、9 个篮板、9 次助攻。在联赛出战的 7 场比赛中，艾弗森场均得到 14.3 分、4.7 次助攻，帮助贝西克塔斯队取得 3 胜 4 负的战绩。返回美国治伤的决定结束了他在土耳其短暂的职业生涯。**

整个 2011 年，恢复中的艾弗森屡次被外界盛传将选择退役，但是他在个人社交媒体上表示自己仍然深爱着篮球运动，不想因此告别篮球。艾弗森的经纪人也表示，"答案"在积极地配合治疗，伤愈不久后就将重返赛场，甚至可能寻找机会重新回到 NBA 的舞台。

2012 年，雅虎体育著名篮球专家沃伊纳罗夫斯基爆料称，波多黎各篮球联赛目前正在接触艾弗森，在 NBA 找不到工作的"答案"有可能接受邀请，再次赴海外打球。

他透露说艾弗森的经纪人摩尔已经与波多黎各联赛的球队进行了交流，而波多黎各联赛的各支球队正在商议对艾弗森进行竞价。而据知情人透露，波多黎各球队可以给他提供不菲的月薪外加生活费，对于正在赋闲的艾弗森而言，能够前往海外打比赛是一个不错的选择，这能够让他的身体状态得到有效的恢复，甚至加大重返 NBA 的可能。

不过，虽然艾弗森的到来可以让波多黎各联赛增加许多看点，但事情并没有想象中那般顺利。比如，此前曾热情满满的瓜伊纳波俱乐部拒绝引入艾弗森，原因竟然是球队已经没有位置提供给这位昔日的 NBA 球星了。

> **"我们非常有兴趣签下他，也曾经多次讨论这位 NBA 超级球星，但是球队的阵容已经满员了，即使是像艾弗森这样的天才球员，我们也无法腾出名额，只能拒绝，在这里要向摩尔说声抱歉，艾弗森对我们联赛是一个不错的补充，但是我们也需要检查一下他的身体状况。"**

从这番话来看，俱乐部位置满员是小事，艾弗森的身体状态才是他们不愿意冒险引援的原因。

不过，波多黎各另外一支球队——马雅格斯印第安人队也对引入艾弗森表现出一定的兴趣。"艾弗森将会对我们的联盟产生重大的影响，我很乐意和他的经纪人进行对话。"印第安人队老板乔什·瓦格斯说道。

早前艾弗森曾经表示希望能够重新回到 NBA，而如今竟然沦落到连不入流的海外球队也难以登陆、被不知道处在几线的俱乐部挑挑拣拣的地步，这对"答案"绝对是个相当重大的心理打击。

"他只是想打篮球罢了"

141

第三章

The

正式退役，
英雄终章

2013 年 1 月，艾弗森收到了一份来自 NBA 发展联盟得克萨斯传奇队的效力邀请，但一直渴望上场时间与机会的他拒绝了。

NBA 发展联盟是 2001 年建立的 NBA 二级联赛，参赛球队基本上是 NBA 主队的二队，联盟的球员多为参加过 NBA 选秀或季前赛的球员。各支 NBA 主队也常把自己的新秀、暂时难以找到状态的球员放在此联盟中进行锻炼。至于老将流落在此，大多数是因为打不上球，生活所迫。

骄傲如一代"答案"的艾弗森，连在 NBA 正赛打替补都是在生涯暮年勉强应承了几场，现在又怎么可能接受这样的邀约呢？

2013 年的联盟已经完全不是艾弗森熟悉的样子。当年最炙手可热的球队是南海岸拥有"三巨头"的迈阿密热火队，人们谈论的是 2003 年选秀的"三杰"：詹姆斯、韦德和波什。球迷和媒体竞相猜测的话题是，他们到底能不能实现三连冠。

很多和艾弗森同届的球员都已经退出了历史舞台，还留在 NBA 赛场的那些，或者是当起了角色老将，或者是流浪多队，心无所依，即便是有限的几个仍在领军的球员，也早已不复当年之勇。真的是铁打的联盟，流水的明星。

2013 年 10 月 30 日，艾弗森宣布退役，理由是他失去了打球的欲望。

在费城主场开幕战时，艾弗森正式宣布退役，退役的新闻发布会是在费城富国银行中心举行的，并由 NBA 电视进行了现场直播。76 人队名宿"J 博士"欧文和艾弗森大学时期的恩师约翰·汤普森等重量级人物，都作为嘉宾出现在现场。

在发布会开始之前，艾弗森的母亲走上讲台，还与媒体朋友开起了玩笑，说儿子退役一事只是说说而已，众记者可以回家了。之后，76 人队老板约翰·哈里斯发表讲话，表示 76 人队的主场永远是艾弗森的家，费城这座城市永远欢迎"答案"。

　　而当艾弗森本人戴着硕大的钻石耳钉，穿着宽大的嘻哈外套，挂着明晃晃的金属项链，歪戴着棒球帽出现在新闻发布会上时，人们发现他还是那个球迷所熟悉的"答案"。

　　不过这一次，他不是来和他们交流什么"练习"与"替补"之类的问题的。这一次，他是来告诉人们他将告别自己深爱的篮球赛场的。

如同所有职业运动员一样，艾弗森迟早有一天也会离开。

**从1996年6月27日
到2013年10月30日
艾弗森的职业生涯走过了6334个日子**

"此时此刻，我正式宣布结束自己的篮球生涯。"艾弗森说道，"我本以为这会是悲伤的一天，但现在我感觉很棒。"

接下来，艾弗森感谢了自己职业生涯中最需要感谢的3个人，他们分别是约翰·汤普森、迈克尔·乔丹和拉里·布朗。"我感谢汤普森，因为他拯救了我的生活。我同样要感谢乔丹，他为我打开了一扇窗，引领我走上篮球之路。"艾弗森说道，"最后我要感谢布朗，他让我懂得职业比赛，教会我如何赢球。"

在艾弗森的职业生涯中，76人队对他有着极其特殊的意义，他几乎所有的重要荣誉都是在这支球队获得的。因此，艾弗森从来都不会掩盖自己对76人队的深情。"我想说，我一直会是76人队的一员，直到我离开世界的那一天。我感谢一直支持我的所有球迷。"艾弗森继续说道，"当费城球迷在谈论篮球的时候，他们会想起'J博士'和艾弗森。这对我而言，就已经足够了。"

而令现场所有媒体记者感动的是，艾弗森在自己的退役发布会上还提到了报道76人队的老记者菲尔·杰斯纳，希望他能够在现场。杰斯纳是《费城每日新闻报》的著名记者，却是公认的"艾弗森黑"。在2010年，杰斯纳因患癌症去世，享年68岁。

艾弗森从未获得过 NBA 总冠军，但总结自己的职业生涯时，他表示自己没有任何遗憾。"我把自己的一切都献给了篮球。直到现在，我对篮球的激情依然在，只是我已经不再渴望打球了。"艾弗森说道，"选择退役，这是一个愉快的决定。我的生涯没有留下任何遗憾，这是一段伟大的旅程。"

谈及未来，艾弗森表示自己会努力做一个好父亲。"没有人是完美的，也没有球员是完美的。"艾弗森说道，"生命短暂，我会快乐地享受剩余的时间，会更多地和孩子们待在一起，给予他们足够的父爱。"

在他宣布退役后，与他同届的球星科比评价他说："在我的职业生涯里，最有趣的那些比赛就是和艾弗森的对决。身为和他对位的防守者，我必须在场上保持专注，每时每刻我都要对他保持警惕，我需要确定他在什么位置，这的确非常有趣，和他对位，比赛永远都充满竞争。所以，在他离开联盟后，我一直都很想念他，看他打球是一种享受。"

而作为他的后辈，当时已经是联盟最具统治力球员的詹姆斯则表示："艾弗森是我见过最出色的终结者之一，他的斗志、他的决心，更是不容置疑，在乔丹之后，艾弗森是我喜欢的球员。他已经拥有了一个不可思议的职业生涯。费城是他的家，永远都是，我为他感到高兴，他对这个联盟来说意义重大。"

自 1996 年以选秀状元的身份入行，被球迷称为**"地表最强 183"**的艾弗森在自己的篮球生涯中写下了足够多的辉煌。**他拿过一生只有一次机会的最佳新秀（1997 年）；三次入选联盟最佳阵容一阵（1999 年、2001 年、2005 年）；荣膺四届联盟得分王（1999 年、2001 年、2002 年、2005 年）和三届抢断王（2001 年、2002 年、2003 年）；还获得了一次常规赛 MVP（2001 年）和两次全明星赛 MVP（2001 年、2005 年）。**

作为"96 黄金一代"的状元秀，艾弗森曾在 2001 年单核带队打进总决赛，败给了当时如日中天的湖人队。因为在 76 人队一直未能有所突破，76 人队管理层在 2006 年将效力十年的他交易至掘金队，随后又辗转活塞队、灰熊队等，甚至还去了土耳其联赛打球。

即便整个篮球生涯没有获得冠军戒指，对一个身高只有 1.83 米的小个子来说，以上的成绩也已经足够闪耀了。可以肯定地说，永远也不会再有另外一个这样身高的家伙能在长人如林的 NBA 取得这般成就了。或许正如詹姆斯所说："如果像拳击界一样，按照体重系数对球员做综合排名，那艾弗森可能会是历史上最伟大的家伙。"

无论任何时候，艾弗森都觉得自己能像 25 岁时一样打球。他倔强、骄傲、沉迷于铁血与速度的旧时光，以至于很多时候他无法面对联盟迅速变化的现实。

整个 NBA 职业生涯，艾弗森一共打了 914 场比赛，共计 37584 分钟，巅峰时期的他是世界上最顽强的球员——职业生涯场均上场时间高达 41.1 分钟。在 NBA 历史上，这个数据可以排名第四，而排名比他高的三个球员（张伯伦、拉塞尔、罗伯特森），都是活跃在 20 世纪 60 年代的球员，那时候联盟的对抗强度和现在不可同日而语。所以，真正能让艾弗森名垂青史的不是他的速度，也不是他的得分，而是他坚强的意志。

在艾弗森刚进入联盟的几年里，不仅仅是他绚丽的球技得到了全世界的追捧和认可，他那风格迥异的装扮更是球迷模仿的对象。尽管如此，艾弗森怪异时尚的风格并不被媒体接受，他们纷纷指责艾弗森。NBA 甚至专门为艾弗森设定了球员在公共场合必须穿正装或休闲服饰的规定，联盟对此事的重视程度可想而知，毕竟艾弗森是一位非常具有影响力的超级巨星。但在许多年前，在球迷甚至球员之间，艾弗森的着装早就已经成为一种时尚。

艾弗森不仅仅带给篮球更强大的精神信念，也让 NBA 的球风、文化有了巨大的改变。《体育画报》记者克里斯·巴拉德曾说，当他看到那么多孩子穿着宽大的短裤，留着垄沟辫，模仿艾弗森的方式打球时，他突然意识到，科比、卡特、麦迪、詹姆斯只是这个时代的伟大球星，而艾弗森和他们不同，因为**艾弗森是可以定义这个时代的人。**

从 1996 年 6 月 27 日
到 2013 年 10 月 30 日
走过了 6334 个日子
定义这个时代的人

ALLEN IVERSON'S RETIREMENT SPEECH

Obviously, everybody knows why we're here. I'm formally announcing my retirement from basketball. I thought once this day came, it would be basically a tragic day. I never imagined the day coming, but I knew it would come. I feel proud and happy to say that I'm happy with my decision and I feel great. I'm in a great mindset making a decision.

I have to thank God for just giving me the opportunity to, not really accomplish all the things that I accomplished in the NBA, but just giving me the opportunity to be drafted. People all the time ask me what was my greatest moment being in the NBA. It was just being drafted, just getting the opportunity, somebody coming from where I come from. I heard all the stories, nobody makes it from Newport News, Hampton.

Called me crazy, thought I was out of my mind. I always believed in myself. My mom always told me I could be anything that I wanted to be. I truly actually believed it. I fought. I went through a whole lot, trying to get to this point right here. Coach Thompson gave me an opportunity when nobody in the world would and believed in me, basically saved my life and helped my dream come true.

I have to thank Michael Jordan for just giving me a vision. Without that vision, I don't think it would have been possible. He made me want to play basketball. He basically showed me the way and gave me that path that I wanted to walk on.

I've got to thank coach Bailey, my high school basketball coach. He taught me the high school game. I have to thank coach Thompson for teaching me the college game and helping me perfect the college game. Well, I really didn't have a choice, it was going to be his way or the highway, anyway. And coach Brown for helping me mature into an NBA basketball player.

I always had the physical talent, I always had the physical ability, I could run with the best of them, I could jump with the best of them, but I just didn't know the game. Earlier in my career, I didn't take criticism the right way. But it was always constructive criticism coming from coach Brown, it was always love that he had for me and I had to mature and understand that he was there, trying to [help me] become the player I ultimately ended up being. Once I took hold to everything, he had share with me, as far as the mental aspect of the game, that's when it took me from here to here [raises hand] and took me to MVP status.

I have so many people to thank and I hope I don't leave anybody out, and if I do, I didn't do it maliciously. I've got to thank my family for being there for me, my friends, especially my Day One friends. All the coaches I've ever had, teammates. Without my teammates, none of this, the accomplishments I've had in my career, they would never have happened without those guys. Those guys set screens for me, played hard for me and rooted me on the whole way, allowed me to become a household name. The coaches that put me in position to succeed and gave me the opportunity to go out there and help our teams win. Philadelphia fans for supporting me the way they did throughout my career, the ups and downs.

I'm going to always be a Sixer until I die, I'm going to always be a Hoya until I die, I'm always going to be a Bruin until I die.

I just want to thank the trainers, the doctors for helping me through. Without those guys, I don't know if I would have been able to make it, being that I broke every bone in my body and I had every injury that you can have.

But most importantly I want to thank my kids.

In this profession you have no idea how hard it is to live up to all the expectations, try to be a perfect man when you know you're not. Being in a fishbowl, everybody looking at every move you make, talking about everything you do.

It's just a hard life to live. It's a great one, I wouldn't trade it for nothing. I have no regrets on anything. People ask me all the time, 'Do I have any regrets?' I don't have any. If I could back and do it all over, would I change anything? No. Obviously, if I could go back and change anything, I would be a perfect man. And I know there's no perfect man and there's no perfect basketball player. So no, I wouldn't change anything. My career was up and down at times. I made a lot of mistakes, a lot of things I'm not proud of. But it's only for other people to learn from.

I took an ass-kicking for me being me in my career, for me looking the way I looked and dressing the way I dressed. My whole thing was just being me. Now, you look around the NBA and all of them have tattoos, guys wearing cornrows. You used to think the suspect was the guy with the cornrows, now you see the police officers with the cornrows. Know what I'm saying? I took a beating for those types of things. I'm proud that I'm able to say I changed a lot in this culture and in this game. It's not about how you look on the outside, it's who you are on the inside.

Like I said, my family and my kids and Tawanna Iverson, they took a lot of pressure off me. I used my kids and her throughout my career as a crutch. When things were going bad at work I could come home and see their faces and forget all about it. I love them for that. They helped me through just by loving me the way they love me. Helping me get through a lot of tough times in my career.

I promise you it is a happy day for me. I really thought this day would be a tough day for me, but it's a happy day.

As far as coach Bailey and coach Thompson and coach Brown, I feel like all I wanted them to be is be proud of the basketball player they created. And my teammates helping me accomplish the things that I've been able to accomplish.

Basketball has been great to me. It allowed me to take care of my family for the rest of their lives, it made me a household name. It showed me a lot in life, it taught me a lot in life. Relationships with teammates, the competitiveness of everything, it's real life. It's just a game, but it's a game that teaches you a lot about life and sacrifice and what you have to do to win in basketball and in life.

I just thank everybody for coming out. Obviously, if you're here, it means something to you, unless you're the media. Nah, I'm just playing. I'm just thanking everybody that came out and everybody that supported me throughout my career, my ups and my downs, and my trials and tribulations.

Speaking of media, I wish Phil Jasner [Philadelphia Daily News reporter] could be here today. Especially on a day like this. Rest in peace, I know he's looking down on this whole event. Thinking about the times that we laughed with each other and thinking about the times we fought with each other. But he was very inspirational in my career and he meant a lot to me.

阿伦·艾弗森
退役演讲

显然，每个人都知道我们为什么在这里。我正式宣布退役，结束我的篮球生涯。我以为这一天的到来，对我来说会相当悲惨。我从没想象过这一天的到来，但我知道它总会来的。我感到自豪和高兴，为自己的决定感到高兴，我感觉很棒。我用良好的心态做出了这个决定。

我必须感谢上帝给了我机会，不是感谢他给了我在 NBA 完成所有成就的机会，而是感谢他给了我被选中的机会。人们总是问我在 NBA 最棒的时刻是什么时候，对我而言就是在 NBA 选秀中被选中，就是得到机会，NBA 中终于有人是来自我的家乡了。我曾听过很多故事，但是没有一个来自汉普顿的纽波特纽斯市。

（当我想要进入 NBA）人们说我疯了，以为我失去了理智，但我一直相信自己。我妈妈总是告诉我，我可以成为任何我想成为的人，我对此深信不疑。我拼搏过，也经历过很多，努力达到如今的成就。

在这个世界上没有人愿意相信我的时候，汤普森教练给了我一个机会，从根本上拯救了我的生命，让我梦想成真。

我必须感谢迈克尔·乔丹给了我引导。如果没有他的引导，我不可能达到如今的成就。是他让我想要打篮球，为我指明了方向，让我看见了自己想要走的道路。

我要感谢贝里教练，我的高中篮球教练，他教会了我如何打高中比赛。我要感谢汤普森教练教导我如何打大学比赛并帮助我在其中完善自己。好吧，其实我别无选择，要么按他的方式来，要么滚蛋。还要感谢布朗教练帮助我成长为一名 NBA 篮球运动员。

我一直拥有身体上的天赋和能力，我可以和他们之中最好的球员一起奔跑、跳跃，我只是不懂比赛。在职业生涯早期，我没有以正确的方式接受批评。但布朗教练总是提出建设性的意见，他总是对我充满爱。这让我不得不成熟起来，去理解他试图帮助我成为我最终所成为的球员的苦心。一旦我掌握了一切，他就和我分享比赛的心理层面，正是那时候我从这里到达了这里（手势从低到高），并成为 MVP。

我有很多人要感谢，希望我不会遗漏任何人，如果不小心遗漏了谁，请相信我不是故意那样做的。我要感谢我的家人，我的朋友，尤其是我最开始的朋友们，感谢我曾经的所有教练、队友。如果没有我的队友，我不会取得职业生涯中的那些成就。那些家伙为我做掩护，努力打球，并且让我在这里生根，让我的名字家喻户晓。感谢教练们把我放在能够取得成功的位置，让我有机会帮助球队获胜。感谢费城球迷以他们的方式在我的整个职业生涯中一直支持我，不论巅峰还是低谷。

我将永远是 76 人队的一员，直到我死去。我将永远是乔治城大学队的一员，直到我死去。我将永远是贝泽高中队的一员，直到我死去。

我想感谢训练师和医生帮助我渡过难关，如果没有他们，我不知道自己是否能够做到，因为我身体里的每一根骨头都碎过，你受过的所有伤病我都遭受过。

但最重要的是，我要感谢我的孩子们。

你不知道在职业生涯中要达到所有的期望，还要在明知自己不完美的时候试图成为一个完美的人，是一件多么难的事情。就仿佛活在鱼缸里，每个人都在看着你的一举一动，谈论你所做的一切。

生活很艰难，但同时也很棒，我不会轻易交换它。我对任何事情都没有遗憾。人们总是问我，我有什么遗憾，我一点儿都没有。如果我可以回去重来一遍，我会改变什么吗？不会。显然，如果我可以回去改变任何事情，我会成为一个完美的人。而我知道没有完美的人，也没有完美的篮球运动员。所以，我不会改变任何事情。我的职业生涯有时会起起落落。我犯过很多错误，做过很多我并不引以为豪的事情，但希望其他人能从中学到些东西。

我为我能够在职业生涯中做自己，能够按自己的方式观察世界、穿着打扮而感到自豪。我所做的所有事情就是做我自己。现在，你环顾整个 NBA，所有人都有文身，很多人留着垄沟辫。以前你认为嫌疑人都是那些留着垄沟辫的人，现在，你能看到留着垄沟辫的警察。明白我的意思吗？我曾因为这些事情挨打，但现在我很自豪我能够说我在这种文化和比赛中改变了很多东西，这些改变不是关于你的外表看起来怎样，而是你的内心是什么样的人。

就像我说的，我的家人、我的孩子和塔瓦娜·艾弗森，他们为我减轻了很多压力。在整个职业生涯中，我都把孩子们和塔瓦娜当作我的拐杖。当工作中的事情变得糟糕时，我回到家看着他们的脸，就能忘记一切。我爱他们。他们以自己的方式爱着我，帮助我渡过难关，帮助我度过职业生涯中许多艰难的日子。

我向你保证，今天对我来说是快乐的一天。我真的以为这一天对我来说会是艰难的一天，但这确实是快乐的一天。

至于贝里教练、汤普森教练和布朗教练，我所有的希望就是他们能够为自己所创造的篮球运动员感到自豪。我的队友帮助我完成了我能够完成的所有事情。

篮球对我来说很棒，它让我能够照顾家人的余生，也让我的名字家喻户晓。在生活中，篮球向我展示了很多，也教会了我很多。与队友的关系，每一件事的竞争性，这些就是真实的生活。这只是一场比赛，但它教会了我很多关于生活和自我牺牲的学问，以及如何才能在篮球和生活中获胜。

我想感谢出席的所有人。显然，如果你在这里，那么这个仪式对你来说多少有些意义，除非你是媒体。我只是开个玩笑。我只是想感谢所有出席的人和在我的职业生涯中支持我的人，不论我处在巅峰还是低谷，不论我面临什么考验和磨难。

说到媒体，我希望菲尔·杰斯纳（《费城每日新闻报》的记者）今天能在这里，尤其是在这样的一天。安息吧，我知道他在看着这整个仪式。回想我们一起欢笑的时光，回想我们一起战斗的日子，他在我的职业生涯中鼓舞了我，对我来说意义重大。

PART 6

费城之魂
誉满身

第一章

The

3 号升起，
声振寰宇

1996 年，刚进联盟进行队史参观时，艾弗森对着荣誉墙上的"18364 分、3224 次助攻、1508 次抢断"说："这可真是一个遥不可及的纪录！'J 博士'可真是一个天才！这些干巴巴的数字都能让我完全震撼，我只能感觉到周围的空气压力很大，而他就在高空俯视我们，就像那件悬挂的 6 号球衣一样。"

陪着他观赏这些的 76 人队总裁克洛斯笑着说："你能感受到压力，说明你有想超过他的念头，我相信在未来的某一天，你会把他所有的纪录全部超越，你要成为 76 人队历史的第一人，这才是我的期望。""所有的纪录？哈哈，我肯定能像他一样给费城带来总冠军的，还有其他补充吗？""还有 2323 次失误的队史纪录。"艾弗森乐了：**"我希望有一天，这里也能升起我的 3 号球衣，这是我最大的愿望。"**

时光如梭，转眼就到了 17 年后。

从艾弗森 1996 年以状元身份加盟 76 人队，他共为 76 人队出战了 722 场比赛，出场时间达到了 29879 分钟，分列队史第 6 位和第 2 位。虽然身高只有 1.83 米，体重只有 75 千克，但艾弗森却是 NBA 历史上最出色的得分手之一，在效力 76 人队期间，艾弗森场均能够轰下 27.6 分，和伟大的张伯伦并列队史第 1 位。

在其他多项数据排行上，艾弗森都在 76 人队的队史中名列前茅，他**命中了 6962 个进球（队史第 3），出手数达到 16543 次（队史第 2），罚进了 5122 个球（队史第 2），获得了 6576 次罚球（队史第 2），助攻 4365 次（队史第 3），抢断 1644 次（队史第 2），得到 19931 分（队史第 2）。**

2001 年，艾弗森迎来了自己的生涯巅峰之作，他率领 76 人队闯进总决赛，这是球队自 1983 年后的第一次，当时的他受到了无数观众和球迷的膜拜。在费城这座城市，艾弗森留下了属于自己的永恒传奇，也在世界范围内拥有了不计其数的球迷。作为 76 人队球员，艾弗森留下了很多生涯经典，比如 1996 年新秀赛季晃过乔丹的精彩一投、2001 年总决赛首战迈过泰伦·卢的标志性一跨。

纵横球场十余年，艾弗森也曾留下不少知名金句，其中极具代表性的一句，当属他在比赛态度上对大众的声明：**我会把任何一场比赛当作最后一场来打。**事实上，艾弗森也的确做到了，他的整个职业生涯都在诠释每场必争、每球必争的拼搏态度，浴血战神的英姿令一代球迷动容。

费城是个很刚硬的城市，它还有个不那么体面的称号——全美谋杀之都。在美国最大的 10 座城市当中，费城的谋杀犯罪率要远远高于其他 9 座城市。非黑即白，是费城人民的特点。20 世纪 70 年代费城的城市英雄、NFL 传奇球员文斯·帕帕利曾说："想要赢得球迷，你就得流汗流血，他们不信别的。"

所以，要想在这样一座城市里成为英雄，是一件难上加难的事情。

艾弗森和费城之间十余年的羁绊，最后让城市成为球星有血脉联系的情感故里。无论是乔丹回到公牛队，还是加内特回到森林狼队，他们都没有像艾弗森一样去俯身亲吻母队球馆的地板。在这样标志性的动作和仪式性的表达中，艾弗森的感激之情、感恩之心、感怀之意溢于言表，因为，这里收录了他 10 年的光辉岁月。

在彰显艾弗森所笃信的价值观念的文身中，最经典的莫过于他脖子上那个醒目的"忠"字。"忠"是在中国传统文化中占据极其重要地位的品格追求，也是很多仁人志士毕生求索的美德之一。而艾弗森也将他的忠诚，贯穿到了和费城这座城市的相处之中。

2013 年 11 月，76 人队宣布他们将在 2014 年 3 月 1 日迎战华盛顿奇才队的比赛时举行一个特别的中场休息仪式，仪式上将正式退役艾弗森的 3 号球衣。见证仪式的不但会有现场 20000 名观众，还将包括长时间与艾弗森并肩作战的老队友和朱利叶斯·欧文、摩西·马龙、克莱伦斯·威瑟斯彭、西奥·拉特利夫、迪肯贝·穆托姆博等费城篮球名宿。

76 人队为艾弗森球衣退役所准备的仪式非常隆重，所有前往现场观战的球迷都会在球馆入口处获得一张可以换得艾弗森相关赠品的凭证。而提前来到现场的球迷，还可以参与球衣退役仪式的其他几个特殊环节，比如艾弗森 11 件全明星队服的展览、他的比赛服和签名物件的拍卖。

另外，为了纪念艾弗森，76 人队还邀请艺术家绘制了一幅关于艾弗森的巨大油画，在球馆开门后向众人展示。而在对阵奇才队的比赛中，所有 76 人队的球员都会在自己的球衣上佩戴标有"永远的艾弗森"字样的徽章，以此向"答案"致敬。

根据球队设计的流程，在比赛中场休息期间，艾弗森的 3 号球衣会缓缓升至球馆上空，与朱利叶斯·欧文（6 号）、莫里斯·奇克斯（10 号）、威尔特·张伯伦（13 号）、哈尔·格利尔（15 号）、鲍比·琼斯（24 号）、比利·坎宁安（32 号）和查尔斯·巴克利（34 号）的球衣挂在一起。这样，艾弗森将正式成为 76 人队历史上第 8 位享受球衣退役荣誉的球员。

3 月 1 日，76 人队主场迎战奇才队的时刻到了。**中场休息时，球队主场的灯光渐渐暗了下来，大屏幕上开始播放艾弗森的职业生涯集锦。随着一段无比熟悉的介绍语，戴着礼帽和黑框眼镜的艾弗森从过道里慢慢走了出来，"MVP"的呼喊声响彻球馆。**

艾弗森走到场边，和亲人以及到场的名宿一一拥抱，同时不断向现场观众挥手致意。接着，他来到场地中央的椅子上坐下。曾经的 76 人队主帅拉里·布朗通过视频告诉艾弗森，能够执教艾弗森是他的骄傲，随后联盟新总裁上台致辞，感谢艾弗森为 NBA 带来的一切。

轮到艾弗森发言时，现场掌声雷动，经久不息，"MVP"的呼喊声此起彼伏，艾弗森也不得不几次停下了发言。最后，他甚至重新走到场边，并做出了经典的"倾听"动作，现场"MVP"的呼喊声更响了。

"这感觉就是一场梦。首先，我想感谢乔丹，他鼓舞我，给我憧憬，我是那些想成为他的孩子中的一个；感谢塔瓦娜，她帮助我成长为一个男人，并在整个职业生涯中照顾我，陪伴在我身边，她永远是这个世界上我最爱的人。"艾弗森动情地说。

接下来，他依次感谢了自己的孩子们、经纪人、母亲、继父以及兄弟姐妹们。随后，艾弗森感谢了费城76人队："是76人队造就了我，他们接受了我，使我能够成为最真实的自己，他们原谅我的错误，不断鼓舞着我，使我梦想成真。"最后的致谢留给了他的球迷："你们是全世界最好的球迷，你们是最棒的人，我永远爱你们。"

致辞结束后，艾弗森的家人全部走上球场，陪在他的身边。"3号球衣终于要回到属于它的地方，就是这座球馆的上空。"现场主持人说道。跟随着倒计时，印有3号的那件战袍缓缓升空，富国银行中心的顶棚张开臂膀拥抱了它的加入。艾弗森一边抱着小女儿，一边抬头仰望，紧紧地注视着升空的全过程。从这一刻起，艾弗森的3号球衣将永远悬挂在76人队主场的上空。

除了到场的球员名宿，许多NBA球星也都在关注艾弗森球衣退役一事，纷纷在社交媒体上留言祝福。

改行当评论员的奥尼尔写道："祝贺艾弗森，享受到了球衣退役的荣誉，现在是时候迎接人生下一个阶段了。你是最伟大的，伙计。"2001年，艾弗森率领76人队闯入总决赛，对手就是奥尼尔和科比联手的湖人队，那是"答案"职业生涯仅有的总决赛之旅。

湖人队老将史蒂夫·纳什言简意赅，但可以感受到他的尊重："阿伦·艾弗森，爱死那家伙了。"

曾在掘金队与艾弗森联手的安东尼表示："祝贺有史以来最伟大的球员之一。我很自豪能成为他的队友和朋友，他是我的兄长。""甜瓜"还配了一张艾弗森 3 号球衣高挂的照片。

"我很荣幸能和历史上最伟大的球员同场较量，一起并肩战斗，把爱和尊敬送给艾弗森。"韦德写道。从小就把艾弗森视为偶像的他，职业生涯首场比赛就是对阵"答案"的 76 人队，他还记得自己当时紧张得不行的情景。

与韦德一样，詹姆斯也把"答案"视作偶像："祝贺我的朋友，很荣幸曾与你同场竞技，并成为朋友。你是我文身、戴发带、戴护臂的原因！谢谢你的一切，下一步，入选名人堂！"詹姆斯配了两张图，一张是他与艾弗森在场上对位，另一张是两人在全明星赛上并肩战斗。

艾弗森当得起这样的荣誉和赞美，他把自己生命中最美好的年华都献给了费城这座城市，在付出的时候毫无保留；而在他要告别的这一天，他重复最多的一句话是："我永远都会是 76 人队的一员，至死不渝。"

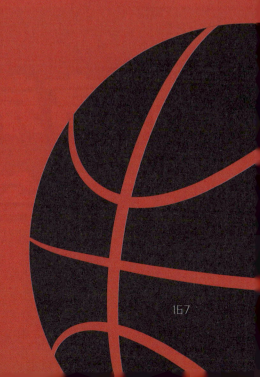

我永远都会是
76 人队的一员
至死不渝

第二章

最高荣耀，
实至名归

奈史密斯篮球名人堂，象征着篮球运动员的最高荣耀，它的含金量远高于球衣号码退役或者入选 NBA 历史 50 大巨星之类的荣誉。随着时间的流逝，名人堂成员的数量一直在不断增加。对球员来说，名人堂是伟大的丰碑，是对球员生涯的肯定，也是除了冠军戒指之外最好的认可。

理论上来说，奈史密斯篮球名人堂对所有球员开放，但真的想要进入名人堂，则比想象中困难得多。必须满足的三个条件是：为篮球事业做出过杰出贡献；球员需要退役超过 3 年，对教练的要求则更为严格，需要执教 25 年以上；要经历初审、复审的多轮次审核并得到绝大多数评委的认可。

2016 年 4 月 4 日，阿伦·艾弗森携手奥尼尔、姚明正式入选 2016 年奈史密斯篮球名人纪念堂，成为篮球星空历史记忆中的一员。

熟悉艾弗森的一位记者说，艾弗森的故事肯定会和其他人不太一样，看看和他同时入选的两位巨星，奥尼尔的讲话肯定会风趣幽默，姚明可以用中文和英语做双语演说。至于艾弗森，自从乔丹之后，斯普林菲尔德就没有出现过完全符合预期的名人堂演说了。"我认为情感丰富的艾弗森也会很幽默——这次他会穿一身不舒服的西装，不穿那件路易威登的衬衫，也不戴棒球帽。"

"没有比他更配进名人堂的了。我和他谈过，我知道这对他意味着很多。我们运动员总是会低估很多东西。就算他哭了，我也不会惊讶，因为他就是个如此敏感的家伙。"

到了正式的演讲致辞环节，艾弗森的表现果然和他身边人预测的差不多。

首先发言的姚明，熟稔美式幽默的套路，在仪式的致辞环节拿艾弗森开起了玩笑："当我听到我将会第一个上台发言时，我还以为有人搞错了，千万别笑，我认真地，我本认为这个属于艾弗森，你们知道为什么吗？因为我比他需要更多的'练习'（practice）。"

姚明之所以用到了"practice"这个单词，因为它同时兼有训练和练习的意思，用这个文字游戏来调侃艾弗森，是因为艾弗森因不爱参加训练而名声在外。

接着，艾弗森走上台，面向全世界，讲述了他此刻的感想。他还是没有变，即便是西装革履，也能在他身上感受到嘻哈风，他的头上编了四根小辫，就好比曾经的短发与垄沟辫的结合。他走上台，拍了拍胸脯，向现场的所有人致以问候。

他还是和刚进联盟时一样真实。

进入联盟 20 年后，他 41 岁了，和刚进联盟那个天不怕地不怕的 21 岁热血青年相比，他已经成了一个略有发福且慈祥的大叔，这是岁月留下的印记。

他的致辞，大部分都是在感谢，他感谢他生命中的每一个人，他的妈妈、妻子、孩子、教练、队友、对手……

他说他爱他们，是他们成就了他，没有他们，他可能什么都不是。

他好像是把演讲台当成了篮球场，他不拘泥于端正地站着，左摇右晃的，声音有些颤抖。当提到乔治城大学的教练约翰·汤普森时，他开始哽咽、流泪，一切都是真情流露。汤普森教练在观众席的位置就在他的旁边，

他说汤普森教练是**拯救他生命的人**。

而当艾弗森提到自己的妈妈时，他有点泣不成声了。他的妈妈坐在台下第二排，目不转睛地望着他，流着幸福的眼泪。了解艾弗森的人都知道，他来自弗吉尼亚汉普顿的贫民窟的单亲家庭。在黑暗与暴力、犯罪与死亡的环境中成长，造就了艾弗森桀骜不驯的性格。他总是想挣脱这一切，改变他的命运，让他的妈妈过上好的生活。童年的背景以及社会底层的那些经历，让他比普通人更加坚强和努力。

他会因为谈及某个人突然泣不成声，也会因为谈及某个人突然笑起来。没有一点儿夸张与遮掩。**在演讲的三十多分钟时间里，他好像对职业生涯进行了一次快速的回忆。从他在乔治城大学的求学岁月，到以状元身份被 76 人队选中、成为费城的标志，到之后辗转丹佛，流浪底特律、孟菲斯，再到重回 76 人队退役，所有过往的爱恨情仇，在这一刻都被他说成了"爱与感谢"。**

艾弗森发自肺腑地感谢拉里·布朗教练，他们也曾水火不容，但如今，当满头白发的布朗教练坐在他身后时，他说他爱布朗教练，是布朗教练成就了他的 MVP，成就了他曾经率领 76 人队所实现的一切。听到自己已经功成名就的爱徒的这番话，布朗教练露出和蔼的笑容。

他英雄惜英雄地感谢他的对手——2001 年的洛杉矶湖人队，是科比和奥尼尔逼出了最好的他，让他在全世界面前展现了自己的风采。那一年，也是艾弗森职业生涯中唯一一次带领 76 人队杀入总决赛。

转身离开的那一刻，艾弗森无怨无悔。他在球场上的一举一动，都感染着球迷甚至是对手。当他重回费城的那一刻，他俯身跪下，亲吻地板，落叶归根。热爱与忠诚交织在一起，就是最完美的"答案"。

也许有些人觉得艾弗森缺少总冠军的荣誉，入选名人堂似乎不那么有说服力。但艾弗森生涯的黄金年代正好和 NBA 历史上最"黑暗"的年代重合，我们需要对 1999—2005 这个特殊的时间段有一个清醒的认知。

从规则上看，这期间的 NBA 既保留着联防规则，又没有 2006 年后"罚球区前，不得对突破前进者进行任何手上的顶触和干扰"的福利，对突破手的惩罚和对中距离持球跳投的依赖堪称历史最强。

而这一时期，角色球员还没有进化出现在的投射能力，没办法替巨星拉开空间，巨星本人也没有在"魔球理论"的指导下尽量优化自己投篮选择的开悟。有限而劣质的空间反过来又会减少切入机会和球星每场施行战术球的次数，使得比赛充斥着低效的面框单打和低位背身。

从速度上讲，那个年代的 NBA 比赛，空间堵、节奏慢、单挑多，是有史以来进攻效率最低的年代。那个时候，联盟根本不需要纵贯半场的挡拆手，也没有那么多的无球跑动和优质射手。只需要单挑，不断地面框单挑，利用你的勇气和绝对实力。

因为性格、球队矛盾甚至配置问题，艾弗森在 2000 年、2002 年和 2004 年，以极度疯狂的打球方式让自己的真实命中率跌到了低于联盟平均水平 3% 的地步。但他在 1999 年、2001 年（MVP 赛季）、2005 年、2006 年和 2007 年，都在维持超高回合占有率的情况下，保证了几乎和联盟平均水准一样的输出效率，这是非常契合那个时代所需要的巨星特征的。如果考虑到后卫的平均真实命中率还要比联盟低 2% 左右，可以说艾弗森是在维持超高占有率的情况下，打出了超出联盟平均双能卫的表现。

从所在球队来说，那个时期 76 人队的其他球员在防守、篮板等进攻端之外的综合贡献整体不弱，但他们的进攻端确实只能指望艾弗森一个人撑场子。在最强调高产和扛球权的时代里，在最强调高产和扛球权的球队中，艾弗森把自己的角色完成得相当不错。

其实，从个人技能点上来分析，艾弗森更适合现代篮球。2006 年建立的篮球数据统计网站 *SYNERGY* 的记录显示：艾弗森在 2006 年场均转换次数高居联盟第三，2007 年第五，2008 年第三，2009 年才正式下滑退出前十行列。

艾弗森是一个擅长打机遇战、推转换、快节奏的选手，他的中距离投篮并不好，身体瘦小，又无法真的靠篮下强突吃饭，因此总是不能维持较高的真实命中率。在布朗教练入主 76 人队前，艾弗森曾经因为大量控球而遭遇批评，之后改打得分后卫的位置，更多地无球移动后接球，从侧翼发起进攻，才获得了大众认可的成功。

如果晚进联盟十年，艾弗森有可能变成一个正统的持球攻击型控卫。那么，他不但可以适当减少一部分球权，更多地利用挡拆发起进攻而非单挑，在"魔球理论"和优质空间的双重加持下坚决地冲击篮下，还不用背负主流舆论的悠悠之口和五花八门的批评。

不过，历史不能假设。艾弗森、卡特、科比、麦迪，"四大分卫"同时横空出世的年代绝对称得上 NBA 的盛世，他们各自带队，针锋相对，撑起了后卫的最好时代。他们每一个都是名人堂成员，有各自的独家绝技，这样的竞争组合，未来也很难出现。所以，像艾弗森这样的球员之所以能得到名人堂的认可，不是肯定他做到了最合理的自己，而是因为他能通过篮球展示出最不一样的自己。

还记得他说的那句最掷地有声的话吗？

"我不想成为乔丹，不想成为'魔术师'约翰逊，也不想成为'大鸟'伯德或伊赛亚·托马斯，我只是想在我职业生涯结束后，面对镜子时，可以问心无愧地对自己说，我就是我。"

第三章

历史巨星，
功成名就

2021 年，NBA 成立 75 周年。从 1946—1947 赛季那个随时有俱乐部倒闭破产的美国区域性篮球联赛，成长为全世界吸金能力最强、综合影响力无与伦比的篮球商业帝国，NBA 这 75 年一路走来栉风沐雨，天纵奇才层出不穷。在 75 周年之际，联盟自然不会忘记纪念一些篮球巨星。

迄今为止，NBA 共进行过四次周年历史巨星评选，分别是在 25 周年、35 周年、50 周年和 75 周年的时间节点。这四次评选，联盟在挑选评委方面一直规则如一，那就是从 NBA 高管（包含联盟高管和球队高管）、球队教练、球员（包含退役和现役球员）、媒体人中挑选德高望重的代表一起投票，尽可能规避单一群体视角的狭隘。

以距今最近的 1996—1997 赛季的 NBA50 周年评选来看，当时获选的历史 50 大巨星名单成为 NBA 的传世佳话，这 50 名当选的巨星共获得了 107 次 NBA 总冠军、49 次 MVP、17 次年度最佳新秀，入选全明星赛共计 447 次，还获得 36 个得分王头衔、923791 分和 410327 个篮板，让全世界都领略到了 NBA 厚重的历史底蕴。

不过，那时候刚进联盟的艾弗森还没有参评的资格。但 25 年过去了，从新秀到名宿，他已然获得位列 75 大巨星榜单之上的资格了。由于评分，75 人的榜单共囊括了 76 位巨星。**这份名单辉煌无比，位列其上的篮球英才迄今为止总共夺得 158 次总冠军、110 次 MVP，730 次入选全明星赛，总得分超过 150 万分，即便是和 1996—1997 赛季的 50 大巨星相比，这些硬性荣誉也都增长颇多，NBA 由此显示出更加深厚的历史底蕴。**

艾弗森看到自己当选的消息后，也第一时间在社交媒体上发表了一条消息以示感谢："NBA75 周年纪念……致我身边的男孩和女孩们，一切皆有可能！没有借口！"

纵观艾弗森 14 年的 NBA 生涯，可以说他存在的每一刻，都伴随着争议与质疑。但这些困境，包括曾经的"训练"事件，都无法阻挡他在篮球场上展现最好的自己。**他在整个职业生涯，如同一个斗士，带着他的那份热爱与不妥协，随时在抗争，和他的对手、媒体、伤病、命运抗争。**

在质疑声中坚强地生存下来，在伤病的折磨中坚强地站起来，所有的困难在他面前都被化作他前进的动力。艾弗森所做的就是在长人林立的球场如精灵一般肆意穿梭，用华丽的运球晃过面前的对手，他的终极目标永远都是把球放进篮筐。为此，他可以打满 48 分钟，可以踏过对手的身躯，可以与全世界为敌。**他的孤傲、坚强、桀骜不驯，让他成为一个时代的标志，也让他身后的追随者排着长队，为他欢呼与痴狂。**

从某种意义上来说，艾弗森对篮球的影响力和推广度可能都超过了乔丹。乔丹让全世界的人们喜欢上了篮球，而艾弗森让更多的人真真正正喜欢上了打篮球，让更多的普通身高的人们认识到，内心的高度比身材的高度更重要。只要内心足够强大，梦想是可以变为现实的。艾弗森用他瘦弱矮小的身躯，挑战着一个充满了巨人的世界。从这一点来说，艾弗森是一个独一无二的球员，他已经成为一种信仰。

但外界的这类评价对艾弗森自己来说，似乎太过沉重而复杂。他曾经表示，这辈子最遗憾的事，就是自己还没怎么当过一个普通人，从来没能任性地做自己。无论爱他还是恨他的人，都会想尽办法把自己的观点投射到他身上，即便有时候他们的想法并非事实。

比如衣着打扮，艾弗森就曾经说过："所谓宽松的衣服、定制的潮牌、垄沟辫、文身，以及这样那样的事情，都是很表面化的东西，我希望人们能看到我支持的是更深层次的东西。如果要我用一句话来总结，那就是——我支持大家做最真实的自己。"

而文化偶像、篮球神话、救世英雄……这些称号似乎都不是艾弗森给自己规划过的定位。他从来没觉得自己是个好榜样，直到有一天和自己的一位歌手朋友聊天时，朋友跟他说："当我遇到不顺的时候，我会让自己做一些分散注意力的事情。有时我会在那儿想，艾弗森这会儿在做啥呢？"

"我时常想到，哦，艾弗森这家伙，身高不过 1.83 米，但是他是个球场杀手，他是个斗士，浑身上下没有一点儿胆怯。不仅如此，他还成功了！他竟然把整座城市背在自己身上！"艾弗森的朋友说。

这位朋友分享给艾弗森的这段经历，给他带来了很大的触动。艾弗森说："我也就是过着自己的生活罢了，就算这样，我还能激励那些生活困顿的孩子？我从没想过，有一天他们会受到我的影响，开始思考怎么面对难关。"

艾弗森发现，他的不放弃，哪怕是来自自己性格中的那一点儿执拗，以及从小到大一成不变的坚持，似乎也可以为别人带来点什么，比如"当他们想到这里，想到我的人生经历，也许他们会找到人生的出路"。

艾弗森回忆起年轻的时候，有一次"微笑刺客"伊赛亚·托马斯把他拉到一边，帮助他分析技术特点。托马斯仿佛一眼就看透了他，洞悉他所有的长处和弱点，给了他很多建议，艾弗森觉得那是他这辈子听到的最有用的打球建议。

现在，艾弗森自己也到了功成名就的时候。作为一个退役球员，他想把自己的本领传给联盟里的年轻人。而在这些年轻人向他寻求建议时，他也想告诉他们一些所谓的人生经验。

艾弗森说："我最近一直在想，我能给这帮小兄弟提供什么样的建议呢？我该怎样帮助他们成长为巨星呢？就好像是我脑袋里装满了和当年那些老家伙一样的智慧，而这些智慧可以帮助他们改变人生。就好像当年伊赛亚教会了我'耐心运球'，那我应该教给他们什么好呢？"

　　"答案"踌躇再三，给出的也不是什么打球的建议，而是一些可能会用在人生道路上的建议，他的分享一如既往地慷慨真诚，那就是：

**　　"要想实现自己的目标，途径有很多——但问题在于，你没有试过就不知道这条路走不走得通。所以你得给自己找一条最适合自己的道路。你必须找一条属于你自己的道路。我们都是在不断变化的，都是在不断成长的。我们在漫漫人生路上一直朝前走。我想这就是最真实的我，这就是最真实的阿伦·艾弗森，明白这件事才是最重要的。我不年轻了，我早已退役，但是，我还是一刻不停地向前走。"**

这就是"答案"

时光倒流，光阴的镜头又切换回了汉普顿的那间破落小屋。

夕阳西下，我们看到了那个瘦小枯干、身上伤痕累累的小男孩艾弗森，他步履蹒跚地走进了一间潮湿且散发着霉味的公寓。

"妈妈，他们又欺负我了。"男孩明显带着哭腔。那个被男孩称为妈妈的女人正在忙着更换外套，她刚刚结束了邮局的工作，马上就要去社区的餐厅做兼职。

"用那个棒球棒，它可以帮助你解决问题。"女人面无表情。

午夜时分，"妈妈，我听了你的话把他们都打败了。"男孩的身上又多了几道伤痕，但满脸兴奋。

"听着，阿伦，没有人可以让我们依靠，要么我们把敌人打倒，要么我们被敌人打倒，我们没有别的选择，这是上帝给我们安排的命运。"

"我明白了，妈妈。"

艾弗森的出身和他早年的生活，让他习惯用一种底层逆袭的态度，摸爬滚打，逆流而上。而他的性格、打法和天赋类型，也注定他必会以边陲游侠的形象留名青史。

艾弗森整个生涯在 NBA 拼杀了 14 年，"10 年费城 10 年神"，他的巅峰属于 76 人队。他以一个小个子球员可以使用的最极端的方式正面强攻、疯狂得分，以自我燃烧的热情，在 2000—2001 赛季总决赛中达到了这个类型球员可以达到的最高峰。而历史上的这类球员，都难以取得伟大的团队成就。所以，在身体与意识的巅峰期过后，艾弗森不断下滑，内外交困。2008 年以后，他的优点已经无法弥补他的劣势，他也因此迅速淡出了 NBA 的一线巨星行列。

和同期的其他超级巨星相比，艾弗森虽然突破和中投相当犀利，但进攻手段并不算丰富。身高只有 1.83 米的他，能四次揽下得分王、三次连庄抢断王，堪称旷古烁今。他球风华丽，球迷遍布全球，生涯累积工资达到 1.54 亿美元，但他却疏财聚友，一掷千金，成败都因太过仗义。

NBA 见证了艾弗森早年在 76 人队的崛起、末期在球队孤胆英雄式的独木难支，也见证了他在掘金队"双枪时代"的狂轰、活塞队时期的迟暮、灰熊队时期的流离，以及他重返 76 人队的感动。

有人说，阿伦·艾弗森是这样一个人，他凭借一己之力拯救了联盟三项濒临灭绝的艺术——发带、长护臂、垄沟辫。他举手投足自带时尚风范，能让很多平庸的球衣看起来入眼许多，所以无论转投哪支球队，都会让他们的球衣销量出现明显飞跃。

他个人的符号性太过醒目，以至于让时任 NBA 总裁的斯特恩都不得不对他下了"着装禁令"，要求艾弗森必须体现出联盟近似专业人士的体面、标准。

他单纯真诚，有着一颗自由而不羁的灵魂。谈到未来希望自己的孩子和成千上万的孩子如何看待艾弗森时，这位满身刺青的球星说："我只是一个人，一个会犯错误的人。我希望孩子们能从我身上学到一些东西，不要犯我犯过的错误。他们不应该成为艾弗森，他们应该成为更好的人。我不会去乞求别人理解。我的妈妈最理解我。也许我会死在她的前面，如果是那样，我会让她在我的基碑上刻下两个字——误解。"

附录

生涯数据

大学生涯场均数据

赛季	球队	出场	首发	出场时间（分钟）
1994—1995	乔治城大学	30	29	32.2
1995—1996	乔治城大学	37	37	32.8
大学生涯数据		67	66	32.5

投篮命中率	三分命中率	罚球命中率	篮板	助攻	抢断	盖帽	得分
39%	23.2%	68.8%	3.3	4.5	3.0	0.2	20.4
48%	36.6%	67.8%	3.8	4.7	3.4	0.4	25.0
44%	31.4%	68.3%	3.6	4.6	3.2	0.3	23.0

NBA 生涯场均数据

赛季	球队	出场	首发	出场时间（分钟）	投篮命中率
1996—1997	费城 76 人	76	74	40.1	41.6%
1997—1998	费城 76 人	80	80	39.4	46.1%
1998—1999	费城 76 人	48	48	41.5	41.2%
1999—2000	费城 76 人	70	70	40.8	42.1%
2000—2001	费城 76 人	71	71	42.0	42.0%
2001—2002	费城 76 人	60	59	43.7	39.8%
2002—2003	费城 76 人	82	82	42.5	41.4%
2003—2004	费城 76 人	48	47	42.5	38.7%
2004—2005	费城 76 人	75	75	42.3	42.4%
2005—2006	费城 76 人	72	72	43.1	44.7%
2006—2007	费城 76 人	15	15	42.7	41.3%
2006—2007	丹佛掘金	50	49	42.4	45.4%
2007—2008	丹佛掘金	82	82	41.8	45.8%
2008—2009	丹佛掘金	3	3	41.0	45.0%
2008—2009	底特律活塞	54	50	36.5	41.6%
2009—2010	孟菲斯灰熊	3	0	22.3	57.7%
2009—2010	费城 76 人	25	24	31.9	41.7%

NBA 生涯	效力球队	出场	首发	出场时间（分钟）	投篮命中率
14 个赛季	4 支	914	901	41.1	42.5%

三分命中率	罚球命中率	篮板	助攻	抢断	盖帽	失误	得分
34.1%	70.2%	4.1	7.5	2.1	0.3	4.4	23.5
29.8%	72.9%	3.7	6.2	2.2	0.3	3.1	22.0
29.1%	75.1%	4.9	4.6	2.3	0.1	3.5	26.8
34.1%	71.3%	3.8	4.7	2.1	0.1	3.3	28.4
32.0%	81.4%	3.8	4.6	2.5	0.3	3.3	31.1
29.1%	81.2%	4.5	5.5	2.8	0.2	4.0	31.4
27.7%	77.4%	4.2	5.5	2.7	0.2	3.5	27.6
28.6%	74.5%	3.7	6.8	2.4	0.1	4.4	26.4
30.8%	83.5%	4.0	7.9	2.4	0.1	4.6	30.7
32.3%	81.4%	3.2	7.4	1.9	0.1	3.4	33.0
22.6%	88.5%	2.7	7.3	2.2	0.1	4.4	31.2
34.7%	75.9%	3.0	7.2	1.8	0.2	4.0	24.8
34.5%	80.9%	3.0	7.1	2.0	0.1	3.0	26.4
25.0%	72.0%	2.7	6.7	1.0	0.3	3.3	18.7
28.6%	78.6%	3.1	4.9	1.6	0.1	2.5	17.4
100.0%	50.0%	1.3	3.7	0.3	0.0	2.3	12.3
33.3%	82.4%	3.0	4.1	0.7	0.1	2.3	13.9

三分命中率	罚球命中率	篮板	助攻	抢断	盖帽	失误	得分
31.3%	78.0%	3.7	6.2	2.2	0.2	3.6	26.7

NBA 生涯场均数据

赛季	球队	出场	出场时间 （分钟）	投篮 命中率
1998—1999	费城 76 人	8	44.8	41.1%
1999—2000	费城 76 人	10	44.4	38.4%
2000—2001	费城 76 人	22	46.2	38.9%
2001—2002	费城 76 人	5	41.8	38.1%
2002—2003	费城 76 人	12	46.4	41.6%
2004—2005	费城 76 人	5	47.6	46.8%
2006—2007	丹佛掘金	5	44.6	36.8%
2007—2008	丹佛掘金	4	39.5	43.4%

NBA 生涯	效力球队	出场	出场时间 （分钟）	投篮 命中率
8 次	2 支	71	45.1	40.1%

三分命中率	罚球命中率	篮板	助攻	抢断	盖帽	失误	得分
28.3%	71.2%	4.1	4.9	2.5	0.3	3.0	28.5
30.8%	73.9%	4.0	4.5	1.2	0.1	3.2	26.2
33.8%	77.4%	4.7	6.1	2.4	0.3	2.9	32.9
33.3%	81.0%	3.6	4.2	2.6	0.0	2.4	30.0
34.5%	73.7%	4.3	7.4	2.4	0.1	3.9	31.7
41.4%	89.7%	2.2	10.0	2.0	0.4	4.2	31.2
29.4%	80.6%	0.6	5.8	1.4	0.0	3.0	22.8
21.4%	69.7%	3.0	4.5	1.0	0.3	1.8	24.5

三分命中率	罚球命中率	篮板	助攻	抢断	盖帽	失误	得分
32.7%	76.4%	3.8	6.0	2.1	0.2	3.1	29.7

NBA 生涯数据

赛季	球队	出场情况	出场时间（分钟）	投篮命中率
1999—2000	费城 76 人	首发	28	55.6%
2000—2001	费城 76 人	首发	27	42.9%
2001—2002	费城 76 人	首发	25	22.2%
2002—2003	费城 76 人	首发	41	56.5%
2003—2004	费城 76 人	首发	23	16.7%
2004—2005	费城 76 人	首发	32	28.6%
2005—2006	费城 76 人	首发	26	35.7%
2006—2007	丹佛掘金	因伤缺阵		
2007—2008	丹佛掘金	首发	21	42.9%
2008—2009	底特律活塞	首发	16	25.0%
2009—2010	费城 76 人	因伤缺阵		

NBA 生涯	入选次数	首发	出场时间（分钟）	投篮命中率
总计数据	11	9	239	41.4%

三分命中率	罚球命中率	篮板	助攻	抢断	盖帽	失误	得分
100.0%	80.0%	2	9	2	0	5	26
100.0%	100.0%	2	5	4	0	4	25
	50.0%	4	3	0	0	2	5
33.3%	88.9%	5	7	5	0	6	35
	25.0%	1	11	0	0	4	3
	100.0%	4	10	5	0	7	15
	50.0%	2	2	0	0	3	12
	50.0%	2	6	4	1	6	7
		1	3	1	0	1	2

三分命中率	罚球命中率	篮板	助攻	抢断	盖帽	失误	得分
66.7%	76.9%	23	56	21	1	38	130

欧洲生涯场均数据

赛季	球队	赛场	出场	出场时间（分钟）	
2010—2011	贝西克塔斯	欧洲联盟杯	3	23.0	
		土耳其联赛	7	32.3	

投篮命中率	三分命中率	罚球命中率	篮板	助攻	抢断	失误	得分
37.0%	60.0%	50.0%	3.0	3.0	1.7	1.7	9.3
44.2%	42.9%	73.0%	2.7	4.7	1.7	3.3	14.3

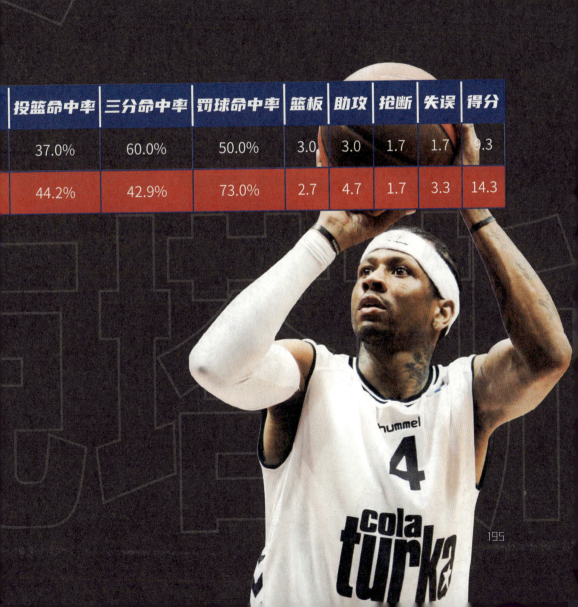

生涯荣誉

🏀 1996 年 NBA 选秀状元

🏀 NBA 最佳新秀
(1996—1997 赛季)

🏀 NBA 最佳新秀阵容一阵
(1996—1997 赛季)

🏀 NBA 新秀挑战赛 MVP
(1996—1997 赛季)

🏀 NBA 常规赛 MVP：1 次
(2000—2001 赛季)

🏀 NBA 得分王：4 次
(1998—1999 赛季、2000—2001 赛季、
2001—2002 赛季、2004—2005 赛季)

🏀 NBA 抢断王：3 次
(2000—2001 赛季、2001—2002 赛季、
2002—2003 赛季)

🏀 **NBA 最佳阵容：7 次**
（一阵 3 次、二阵 3 次、三阵 1 次）

🏀 **NBA 月最佳球员：4 次**

🏀 **NBA 全明星：11 次**

🏀 **NBA 全明星赛 MVP：2 次**

🏀 **2014 年 3 号球衣被费城 76 人队退役**

🏀 **2016 年入选 NBA 名人堂**

🏀 **2021 年入选 NBA 历史 75 大球星**

十大战役

TOP 10 终局之战

2010 年 1 月 30 日，76 人队主场迎战湖人队。这是 1996 年黄金一代的两位天才球员——艾弗森和科比的最后一次交手。这场他们生涯的最终对决，艾弗森还是"费城之子"，而科比身边却没有了奥尼尔。这场常规赛重要的不是输赢，而是其背后的标志意义。两人上半场虽然都手感不佳，但很快在下半场通过对攻掌握了比赛主导权。全场比赛虽然 76 人队告负，但艾弗森 18 投 10 中，拿下 23 分、4 次助攻，他的表现无愧于"答案"二字。

TOP 9 季后首胜

1999—2000 赛季 76 人队对阵魔术队的第一场季后赛，也是艾弗森职业生涯的第一场季后赛。这是他步入联盟的第三个赛季，尽管当时的魔术队拥有哈达威和阿姆斯特朗等巨星，但艾弗森再一次展现出了自己的英勇无畏。他全场 29 次出手，命中 12 球，砍下 30 分、5 个篮板、7 次助攻，带队以 104：90 的比分战胜魔术队，取得了胜利，这也是他个人的首场季后赛的胜利。

TOP 8 新秀狂飙

1997 年 4 月 12 日，76 人队客场挑战骑士队，在此前三场比赛中艾弗森都得到了 40+ 的得分。这一晚做客克利夫兰的艾弗森火力全开，全场 32 投 17 中，独得 50 分，另有 5 个篮板、6 次助攻入账。尽管球队输球，但艾弗森拿到职业生涯的第一个 50 分。之后的一场比赛，艾弗森再次拿到 40 分。在该月，艾弗森连续 5 场比赛得分超过 40 分，打破了此前由张伯伦保持的新秀赛季 4 场 40+ 的最高纪录。

TOP 7 生涯最高

2005 年 2 月 12 日，76 人队主场迎战魔术队，艾弗森在本场比赛中发挥出色，首节就砍下 17 分，半场拿到 29 分，最终在全场比赛中 36 投 17 中，罚球 27 中 24，拿到个人职业生涯最高的 60 分，成为 NBA 历史上第 18 位单场得分达到 60 分的球员，而 60 分的纪录也创造了联盟 2004—2005 赛季个人单场最高得分纪录。

TOP 6 力斩黄蜂

2003 年 4 月 20 日，76 人队季后赛首轮遭遇黄蜂队。本场比赛艾弗森状态神勇，32 次出手命中 21 球，罚球 11 罚 10 中，另有 4 个篮板、8 次助攻进账。在第四节黄蜂队迫近比分之际，他更是一人独自砍下 20 分，力保球队取胜。他全场 55 分的成绩不但创下了个人季后赛的最高得分纪录，同时也成为历史上第六个在季后赛单场得分超过 55 分的球员。

TOP 5 挺进总决

2001 年 6 月 3 日，东部决赛第七场，76 人队要与雄鹿队"决一死战"。此时的艾弗森，不仅要和对手缠斗，更要与自己身上的伤病斗争。历经了一个赛季的鏖战，他早已伤痕累累。在关键的决战时刻，艾弗森以无比的勇气带动了队友的斗志。他用 44 分、6 个篮板、7 次助攻和 2 次抢断的领袖级表现率队以 108：91 击退雄鹿队，挺进总决赛。

TOP 4 绝地反击

2001 年 2 月 11 日，在费城举办的全明星赛中，主场主队的当家球星艾弗森成为明星中的明星。在全明星正赛中，他所在的东部明星队在比赛还剩 9 分钟结束时，仍大幅落后 21 分。正当人们议论西部哪个明星会得到 MVP 时，艾弗森忽然爆发。他不知疲倦地命中投篮，将比分不断缩小，并在最后时刻助攻马布里三分命中，率领球队以 111 ：110 击败西部明星队，完成了全明星赛历史上最经典的逆转。全场得到 25 分的艾弗森，也以最后关头力挽狂澜的神奇表演力压科比，当选全明星赛的 MVP。

TOP 3 致敬偶像

1996 年 12 月 21 日，仍处在新秀"菜鸟"赛季的艾弗森再次迎来了与偶像乔丹对决的机会。虽然在球队实力方面，76 人队无法与公牛队对抗，最终以 105 ：111 惜败，但在本场比赛中，艾弗森 23 投 11 中，砍下 32 分、4 次助攻，相比乔丹的 29 投 12 中，31 分、3 次助攻，略占上风。在比赛中，艾弗森向偶像、全联盟和全世界球迷展示了自己的能力。他在罚球线附近直接与乔丹单挑，用交叉步晃开对手后直接上篮得分的超炫一幕，也成为他职业生涯中的绝对经典。

TOP 2 对飙卡特

2000—2001 赛季的季后赛，可以说是至今为止联盟最精彩绝伦的一个系列赛。联手奉上这一经典对决的是 76 人队与猛龙队，特别是两队的领军人物艾弗森与卡特两大得分后卫之间的斗法，至今都让球迷津津乐道。2001 年 5 月 10 日，在第二场比赛中，在 76 人队先负一场的情况下，艾弗森全场 39 投 21 中，命中 3 个三分球，砍下 54 分，帮助球队逆转，将总比分扳成 1 ：1 平。而整个系列赛中，两人你来我往的飙分大战也令球迷记忆犹新。

TOP 1 力扛湖人

经过东区连续两轮的 7 场恶战后，艾弗森终于带领 76 人队闯入 2000—2001 赛季的 NBA 总决赛。总决赛第一场，体力消耗过大且伤兵满营的 76 人队要在客场挑战季后赛已经 11 连胜的西部王者之师湖人队。当时很多专家和球迷都认为 76 人队难求一胜。但艾弗森没有放弃，他用行动让湖人队的球迷哑口无言。在全球上亿观众的注目下，他用自己瘦小的身体一次次冲击篮筐，在湖人队主场纵横驰骋、前冲后突，让负责防守他的泰伦·卢出尽洋相。最终，艾弗森全场比赛砍下 48 分、6 次助攻、5 次抢断，通过加时不可思议地帮助 76 人队以 107 ：101 战胜了不可一世的湖人队，赢得了所有人的敬意。

十
大
队
友

NO.10　理查德·汉密尔顿

　　2008—2009 赛季，身在活塞队的艾弗森已经到了生涯暮年，颇不得志。其与同为后场球员的汉密尔顿的关系，一度也被外界认为是水火不容。作为"活塞五虎"中的"面具侠"，汉密尔顿能投善跑，还与艾弗森有着同一个经纪人莱昂·罗斯。他们彼此之间并非为了竞争一个首发位置，而是他们都不觉得当时活塞队力捧的新秀斯塔基有足够的能力和实力担此重任。两人之间的好友关系正如汉密尔顿所说："我们都是朋友，是兄弟。就像我曾说过的，是某些人故意把原本不复杂的关系弄复杂了。"

NO.9　凯尔·科沃尔

　　2003 年科沃尔通过选秀进入 NBA，司职小前锋，他生涯前 5 个赛季都在 76 人队效力。最早进入球队时，科沃尔只是一个二轮秀，在生涯前一两年里上场时间根本得不到保障，非常欠缺自信。当时 76 人队内没什么球员能够投出有准星的三分球，科沃尔最需要的东西也是信心。于是艾弗森经常在比赛和训练中鼓励科沃尔，跟他说"投篮、投篮"，正是艾弗森的鼓励让科沃尔获得了投篮的自信。在 76 人队效力期间，他以661 个三分球位列球队历史第二，并曾两次被邀请参加 NBA 全明星三分球大赛。

NO.8　路易·威廉姆斯

　　路易·威廉姆斯是艾弗森在 76 人队效力的"小兄弟"，也是全面"继承"了他篮球性格与打法衣钵的一个后辈。同样的矮小瘦弱，灵动鬼魅。2005—2006 赛季，路易·威廉姆斯与艾弗森在 76 人队当队友时倍感幸福，他像个小跟班一样跟着偶像出入，训练比赛中，他们交流彼此对篮球的理解；生活中，艾弗森甚至还会带他去大西

洋城玩。他说："正是因为艾弗森，我才有信心成为一名身材矮小的得分后卫，有信心在篮球领域之外做不同的事情，在批评声中自如应对。现在的风气越来越好，人们开始接受运动员在球场之外做一些事情。我们有权穿一些有表现力的衣服，有权张扬我们的个性。"

NO.7　J.R. 史密斯

　　效力掘金队的两个赛季中，艾弗森与"神经刀"J.R. 史密斯成了好友。虽然史密斯脾气阴晴不定，但与艾弗森却能相处融洽。两人不但在赛场上合作得颇为默契，场下也经常一起打台球。史密斯本人是相当出色的三分射手，也是掘金队历史级的三分手。有这样的神射手好友，在掘金队效力期间，艾弗森投篮命中率分别达到了 45.4%与 45.8%，为其近十年来的最高；而 34.7%与 34.5% 的三分命中率更是达到了他本人生涯的巅峰。不知道在投篮这方面，是否也有史密斯指点的因素加持。

NO.6　安德烈·伊戈达拉

　　2004 年，伊戈达拉以首轮第 9 顺位被76 人队选中，在费城开始了自己的职业生涯。在 76 人队期间，他搭档艾弗森征战联盟，逐渐依靠强悍的防守、强壮的身体和超群的天赋成长为全能的锋卫摇摆人，也成为防守对手超级巨星的关键人物。当艾弗森在2006—2007 赛季被交易至掘金队后，伊戈达拉成为 76 人队当之无愧的核心领袖。但伊戈达拉的优点不是得分而是防守，是一名极品角色球员，所以 76 人队管理层一直试图让伊戈达拉成为下一个艾弗森的努力终究没能成功。在为 76 人队效力 8 个赛季后，伊戈达拉被球队交易。

NO.5 克里斯·韦伯

1993年状元秀，大前锋韦伯是一个球风十分全面的内线球员，他基本功扎实，不仅仅可以进行低位的背身单打，还可以进行高位策应，是当时十分罕见的内线球员。在国王队连续冲击总冠军未果后，2004—2005赛季中伤病缠身的韦伯被送到76人队。他的到来，让艾弗森迎来了在费城十年账面实力最好的内线助手。但是，两个人在场上基本各自为战，从未发生过化学反应。其实，韦伯本人非常愿意与艾弗森愉快地合作，但是对比赛理解上的差异，最终让这种可能性没能实现。

NO.4 卡梅隆·安东尼

号称"进攻万花筒"的"甜瓜"安东尼和艾弗森在掘金队搭档的两年可谓话题效应十足，吸睛能力也十足。他和艾弗森组成的掘金队后场"黄金双枪"，进攻火力更是爆棚。虽然在掘金队时期，艾弗森对比赛的理解更为成熟，但因为主教练并未成功地打造出一个合理高效的进攻体系，艾弗森和安东尼二人只能靠个人能力强行砍分，这一沉疴痼疾也让他们在季后赛举步维艰。好在两人的爱好相仿，性格互补，虽然球队表现难言满意，但场外的相处却一直非常和睦，始终保持着很好的个人关系。

NO.3 阿隆·麦基

身为费城人的麦基在1997—1998赛季中期被活塞队交易到76人队。在这里，他陪伴着球队的头号球星艾弗森达到了自己的职业生涯巅峰。特别是在76人队表现最好的2000—2001赛季，麦基拿到了年度最佳第六人，这也成为他生涯的高光时刻。在76人队效力期间，麦基在绝大多数的时间里都是以替补的身份出场。2005年夏天

转投湖人队后并未受到重用，他在2006—2007赛季结束后淡出了联盟。退役之后，麦基选择回到老东家费城76人队，成为一名助教。

NO.2 埃里克·斯诺

作为二轮秀的斯诺，曾是20世纪90年代NBA最伟大的控卫之一—"手套"加里·佩顿的替补。他永远能冷静地阅读比赛，是理智与成熟的代言人，拥有值得载入史册的顽强防守能力。1997—1998赛季，他被76人队用一个次轮签带到了费城。那里有一个早已相中他的名帅拉里·布朗，和他一生的好友、最好的搭档阿伦·艾弗森。夹在历史上最顽固的教练和最倔强的后卫之间，斯诺竟然还干得不错。他从来不是明星，最高荣誉仅仅是2002—2003赛季的最佳防守阵容二阵。但当他带着右脚踝骨裂拼完2000—2001赛季东部决赛天王山战后，以桀骜著称的艾弗森盛赞他才是球队的领袖。总决赛中，他护佑着骄傲的艾弗森战斗到了最后一刻，然后一起光荣倒下。两人的合作，可以用一句话概括——艾弗森冲锋在前，而斯诺在他身边打点好一切。

NO.1 迪肯贝·穆托姆博

和艾弗森同样毕业于乔治城大学的穆托姆博是他的最佳搭档。虽然穆托姆博来到76人队的时候已经35岁了，但生涯多次当选最佳防守球员的"穆大叔"防守功力依旧强悍。在76人队，穆托姆博被艾弗森的斗士精神感染，成为艾弗森的坚强后盾。正是凭借他强大的内线护筐能力辅佐，艾弗森才有机会杀进总决赛，挑战无解的紫金军团。少言寡语的穆托姆博是艾弗森职业生涯最可靠的内线盾牌，虽然他们的合作只有短短两年，但却创下了艾弗森在76人队最辉煌的战绩。

十大对手

NO.10　克里斯·保罗

保罗是 2005 年 NBA 首轮第 4 顺位的新秀球员，按照进入联盟的时间算，他与艾弗森几乎是两代人。他们在职业生涯曾经有 11 次常规赛交手记录。在这些比赛中，保罗有着 17+11 的得分与助攻两双数据；而艾弗森的场均成绩则是 20.5 分、6 次助攻。即便遭遇的是已处于生涯中后期的艾弗森，保罗依旧十分叹服。艾弗森总是会盯着对位球员不停挑战，即便连续投篮不中，他仍然还会继续出手。艾弗森不但是对位球员眼中的大麻烦，也是保罗自己确认的生涯最头疼的对手。

NO.9　保罗·皮尔斯

作为小前锋的皮尔斯在凯尔特人队时期与艾弗森所在的 76 人队同处东部，所以两人交手颇为频繁。在常规赛的 32 场比赛中，双方个人数据不相上下、各有千秋，而对比球队战绩，艾弗森 20 胜 12 负，优势明显。但在季后赛中，皮尔斯 3 胜 2 负，还有在生死战得到 46 分带队晋级的辉煌战绩。即使取得了这样的战绩，在回忆与艾弗森的对战时，皮尔斯仍然表示，在打挡拆换防到艾弗森的时候，他总是会害怕自己的脚步根本无法跟上艾弗森，所以他一直避免和艾弗森对位，不想成为艾弗森最佳集锦里的背景帝。

NO.8　雷·阿伦

雷·阿伦和艾弗森的对决始于大学联赛，当时的两人是大学联赛里最好的两个球星，1996 年 NCAA 晋级战时，艾弗森遇到铁了一整场的雷·阿伦完成绝杀，雷·阿伦奔跑庆祝的画面深深刻入了艾弗森的脑海里。进入联盟后，两人又在 2000—2001 赛季的东部决赛相遇。在那个系列赛中，两个

人都表现得很好，艾弗森得分更高，雷·阿伦效率更佳。双方大战七场，艾弗森所在的 76 人队才战胜雷·阿伦所在的雄鹿队，险胜过关。之后两人虽然交集变少，但关系却一直还不错。

NO.7　沙奎尔·奥尼尔

正常来说，作为中锋的奥尼尔在球场上和艾弗森的对位时间并不多。但在 2000—2001 赛季的总决赛舞台上，艾弗森近乎自杀式的内线冲击，让所有人都为他扛炸药包炸碉堡似的突破动容，而在湖人队内线筑起这道铜墙铁壁的正是历史级别的最佳内线——"大鲨鱼"奥尼尔。在艾弗森冲击的那一刻，体重 150 千克、身材魁梧的奥尼尔感觉到，他或许可以在球场上赢下艾弗森，但他永远也无法击倒艾弗森，艾弗森即使被打出血也只会在场边吐净就回到场上继续拼杀，即使是生命本身受到威胁，都不能使艾弗森退缩。这是无法在数据栏和荣誉簿上看到的，但这也是每一个曾经站在艾弗森面前的人都无法忘记的。

NO.6　特雷西·麦克格雷迪

同为四大分位的麦迪曾经和艾弗森有过 32 次交手记录，虽然他们不曾在重要的系列赛和晋级战中相遇，但常规赛中两人的表现也可以让人多少有点了解。在这些比赛中，麦迪所在的球队收获了 18 场胜利，领先艾弗森的 14 场。从个人数据来看，艾弗森的得分、助攻和抢断等数据好一些，而麦迪的上场时间和出手次数相对较少，但篮板和盖帽等数据略微占优。作为同一时代的代表性球员，两人各有特色，而艾弗森则明显通过一些标志性的比赛和代表性的赛季表现把自己的个人历史地位确定在了更高的位置。

NO.5　昌西·比卢普斯

在 76 人队的后期，艾弗森带领的球队两次遇到比卢普斯带领的活塞队都输了球。纠缠颇深的两人还曾有过对换，只是最终比卢普斯所在的掘金队进入了西部决赛，而艾弗森却在活塞队沉沦。虽然在名气和地位上，比卢普斯远不如艾弗森，但是同样是在拉里·布朗教练麾下，同样是面对有"OK组合"的湖人队，艾弗森的英雄球败下阵来，而比卢普斯却靠平民篮球奇迹夺冠。之后在掘金队和活塞队，艾弗森的战绩也都被比卢普斯完爆。个人能力显著强于比卢普斯的艾弗森在进入体系后作用被弱化，可能是他始终在球队成绩上难尽人意的重要原因。

NO.4　迈克尔·乔丹

1996 年，艾弗森以状元秀的身份加入NBA，当年乔丹捧起了个人第五座总冠军奖杯，两人一个是初入联盟的"菜鸟"，一个是荣耀满身、被奉为"篮球之神"的历史超级巨星。当年艾弗森进入联盟后就向乔丹发出了自己的声音，可惜两人交手次数并不多。1996—1997 赛季他们的第二次交手是为数不多的战例经典。艾弗森在向偶像陈述自己的敬仰之情时被乔丹告知，从他晃过自己的那一天开始，自己就不再是他的英雄。

NO.3　文斯·卡特

2001 年东部半决赛，艾弗森和卡特的对决为球迷奉上了永存史册的经典。艾弗森和卡特都是单核带队，两人的打法和球风都极具观赏性，而且他们也都性格强韧，不甘于轻易接受失败，两人之间的对位可谓火星撞地球。他们在那次系列赛中你追我赶的飙分大战，让球迷见识了什么是顶级的"神仙打架"。随着艾弗森在第七场"生死战"中

送出职业生涯新高的 16 次助攻，以及卡特的绝杀失败，76 人队笑到了最后，打进了东部决赛。

NO.2　雷吉·米勒

雷吉·米勒是 NBA 历史上最出色的三分神射手之一，季后赛的表现也非常出色，甚至打出过 8.9 秒连拿 8 分的神级操作。他也是艾弗森生涯前期梦魇一般的存在，连续两次让 76 人队止步季后赛第一轮。2000—2001 赛季的季后赛，艾弗森要面对的首个对手便是由米勒带领的强硬的步行者队，这一次艾弗森并没有让历史重演，他用场均31.5 分的表演回敬了米勒的 31.2 分，率领76 人队以 3：1 拿下了首轮。比赛结束后，雷吉·米勒拥抱了艾弗森，这也被视为两代东部超级分卫的传承。

NO.1　科比·布莱恩特

他们是 1996 年黄金一代最出色的两个人，艾弗森贵为状元，科比步入紫金豪门。他们是联盟顶尖的得分手，争斗从 1997 年全明星新秀赛的相遇便拉开帷幕。2001 年，艾弗森力压科比拿到了全明星赛 MVP，而在他们总决赛的巅峰对话中，则是科比所在的湖人队取得了最后的胜利。之后两人心里始终憋着一股劲，想要一较高下，艾弗森长得分，而科比则球队战绩碾压。到艾弗森生涯末期，两人的对决依然不平静，互砍飙分更是常规操作。不过作为绝代双骄，科比已逝，艾弗森也早已退役告老，两人之间只剩当年对战的佳话和如今阴阳两隔的惺惺相惜。

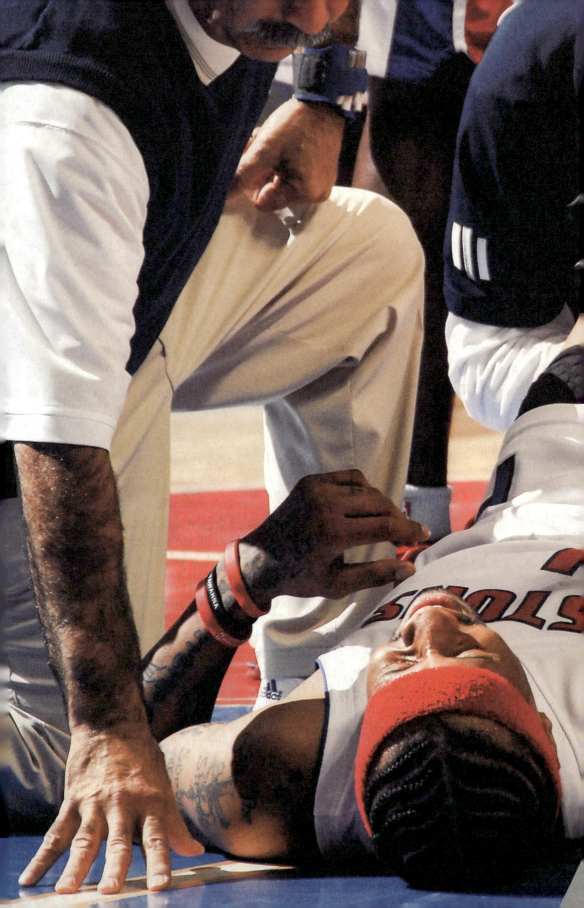

生涯伤病

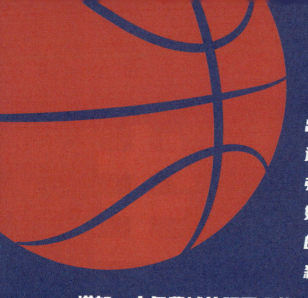

艾弗森职业生涯场均出场时间达到了**41.1**分钟，这一数据虽然可以证明艾弗森对待比赛的态度，但如此高的出场时间对身体的消耗非常大，也让艾弗森出现伤病的可能性大大增加。十年费城的领军之旅，他大部分时候都是单核带队，受伤也因此成了他的家常便饭，下面我们就简要回顾一下他的生涯主要伤病。

生涯主要伤病

1996—1997 赛季

作为 1996 年的状元秀，艾弗森在新秀赛季就发挥出色，并赢得了最佳新秀称号。不过从此时开始，伤病就伴随着他。这个赛季，艾弗森左肩受伤，其中包括左肩分离以及发肿，同时还有左脚踝扭伤。艾弗森在该赛季常规赛出场 76 次。

1998—1999 赛季

本赛季艾弗森赢得了职业生涯首个得分王荣誉，并带领球队时隔 8 年首次杀入季后赛。在此期间，艾弗森右四头肌挫伤，缺席了两场比赛。

1999—2000 赛季

76 人队在艾弗森的带领下再度进入季后赛。但赛季中艾弗森遭遇了右手拇指骨折、关节膜炎、左膝盖和左脚拇指骨折的困扰，缺席了 12 场常规赛。

2000—2001 赛季

这是艾弗森在 76 人队最辉煌的一个赛季，因为季后赛场场硬仗的晋级旅程和自己作为头号球星被对手严加看管，他在这个赛季中先后遭受右肩脱臼、左膝盖挫伤、左踝关节发炎、尾骨挫伤、右肘黏液囊炎和左骶骨关节挫伤等一系列伤病。

2001—2002 赛季

本赛季76人队止步季后赛首轮。在这个赛季中，艾弗森遭受左手拇指扭伤、右脚大脚趾扭伤和左手骨裂。

2003—2004 赛季

这个赛季艾弗森因伤缺席了半个赛季的比赛，缺少艾弗森的76人队也自1998年来，首次未能进入季后赛。他在本赛季遭遇的主要伤病包括右膝挫伤、右膝黏接、右手食指扭伤、右肩挫伤、右膝关节膜炎和右膝损伤。

2004—2005 赛季

艾弗森获得生涯第四个常规赛得分王，但季后赛再度止步第一轮。在这个赛季中，艾弗森遭受右肘挫伤、右脚踝扭伤、左肩扭伤、左手和右手拇指扭伤。

2005—2006 赛季

艾弗森个人场均得分创新高，但76人队却未能打入季后赛。在这个赛季中，艾弗森遭受左脚踝扭伤以及右脚扭伤和挫伤。

2006—2007 赛季

艾弗森转会掘金队，队伍勉强挤进季后赛后，首轮便遭淘汰。因为右脚踝受伤，艾弗森在这个赛季中缺席了全明星的比赛。

2007—2008 赛季

艾弗森在掘金队继续季后赛首轮游，在这个赛季中，艾弗森遭遇了右手无名指骨折。

2008—2009 赛季

在这个赛季开始之前，艾弗森左膝挫伤，2008年11月，他被交易到活塞队，在赛季中又受到背部痉挛的影响。

2009—2010 赛季

艾弗森在灰熊队短暂停留，以替补的身份打了三场比赛，在这个赛季中，艾弗森遭遇了左膝盖发炎等伤病。

2010—2011 赛季

短暂的海外赛季中，艾弗森代表土耳其的贝西克塔斯队出战。2010年12月的一场比赛中，艾弗森腿部被撞伤，休息两周好转后又于第二年1月复发，回到美国后，医生确认他的伤情为右侧小腿继发性出血钙沉淀。

经典语录

01

They cannot break me. The only way to break me is to kill me, and everything that does not kill me makes me stronger.

他们打不倒我。打倒我的唯一方法就是干掉我，所有不能干掉我的就只会让我更强。

02

I do not to respect and fear anyone.

我不用尊重和害怕任何人。

03

I play every game as if it is my last.

我将每一场比赛都视为自己职业生涯的最后一场比赛。

04

Only the strong survive.

强者生存。

05

Who can stop me is me.

只有我才能让自己停下来。

06

I just want people to know that Allen Iverson is misunderstood. Allen Iverson tries to be the best father, tries to be the best husband, tries to be the best brother, best cousin, best friend, best teammate. That's it.

我只是想要人们知道：阿伦·艾弗森被误解了。阿伦·艾弗森努力想做一位好父亲、好丈夫、好兄弟、好朋友、好队友，仅此而已。

07

I'm far from a hater. You got talent, I love you.

我根本不是一个会憎强妒忌的人。你有才能，我就喜欢你。

08

I don't plan to look back. My past has taught me a lot, and I'm not ashamed of it, it taught me how quickly things can be taken away from you. It taught me how important it is to believe in yourself even if others turn their back on you.

我不打算往回看。我的过去教会了我很多，我并不引以为耻，它使我明白身边的东西是一眨眼就会失去的，它告诉我即使别人抛弃你也依然相信自己是多么的重要。

09

It wasn't easy waking up in a cell. But it would've been easier to quit. I didn't do that. I fought through the hard times.

从艰苦的世界中醒来并不容易，而退出就简单多了。我没有退出，我奋斗着度过了最艰难的时期！

我从来没打算退缩，
我的字典没有妥协。

再给我一秒，只要是机会，我会用生命去改变现实。

我才不理会你怎么看我，
怎么说我，
只要你知道我绝不好惹！

我离开后，
你们才会真正明白我的价值。

你可以不爱我，但你至少要怕我。

你能够打败我，但不能打倒我，
因为我是艾弗森。

也许我曾经犯过错误，但是，就没有改的机会了吗？我只希望人们别把我当作 NBA 的坏小子，如果有一亿个人爱我，又有一亿个人恨我的话，我愿意用行动来报答前者，说服后者。
我的偶像是我的母亲。

艾弗森语录

我不想成为迈克尔·乔丹，也不想成为“魔术师”约翰逊，我只是想在自己职业生涯结束后，面对镜子对自己说，我还是那个艾弗森。

踏上任何比赛的地板之前，我，艾弗森，只有一个目的，那就是取胜，这世界上没有什么比在失败中度过一个夜晚更糟糕的了。

我不是一个伟大的人、一个道德清白的人、一个衣冠楚楚的人，我也不是一个听话的儿子、一个尽职的父亲、一个和善的丈夫、一个好相处的朋友，我甚至压根就不算个好人。大麻、枪支、暴力、罢赛这些麻烦都跟我的名字扯上瓜葛，还有很多人说我离经叛道……然而谁也不能否认，我是个伟大的球员，连上帝都不能。

没有朋友就没有艾弗森。

我还是我自己，只不过更聪明、更成熟而已。不过，能成为现在的艾弗森，我真的很自豪。

生活就是生活，你会遇到很多事情。曾经我总是紧皱着眉头想改变一切，不过现在我更愿意微笑。或许多一点儿调侃，你会清楚生活的味道。

我想在自己的墓碑上，刻上两个字“误解”。

别像个孬种似的愁眉苦脸，甭管你被打倒了多少次，拍拍身上的尘土，再笑着站起来吧，再笑着投入战斗。

巨星评价

请原谅我下面的说法——伟大的球员是拦不住的，即使他天生被包装得很小。

——大卫·斯特恩

他是那种会让我愿意花钱买票看他打球的年轻人。

——菲尔·杰克逊

充满天赋与才气的艾弗森显然更有挑战性，如果你听到观众席上发出赞叹声与惊讶声，那肯定是艾弗森又做出什么样的高难度动作了。

——埃尔文·约翰逊

以他的身材，人们认为很多事情他做不到，但是他却用行动证明人们错了，他是个伟大的球员，谁也否认不了。

——迈克尔·乔丹

在通常情况下，防守他的球员若在他启动的第一步没能跟上他的脚步，那么被他突破将成为必然。他是联盟中最快的球员，很多人都吃过艾弗森的苦头，他简直太快了，赛场对他来说好像突然间短了几米。

——查尔斯·巴克利

对我而言，防守艾弗森的确是一项艰苦的挑战，他的速度实在是太快了！

——斯科蒂·皮蓬

他就像一个小号版本的我——勇往直前，所向披靡，而且从不抱怨。

——沙奎尔·奥尼尔

我的兄弟，时间真是长了翅膀。你的成就让当时只有 21 岁的我逼迫自己达到更高的层次。你对比赛的影响将持续几个时代。

——科比·布莱恩特

艾弗森睡着时得的分也比我整个职业生涯得的要多。

——肖恩·巴蒂尔

刚进联盟，我的第一场季前赛比赛是对艾弗森，我的第一场常规赛对手也是他，我比赛前都吓破胆了，因为谁都知道他有多厉害。

——德怀恩·韦德

尊重乔丹，但艾弗森才是我心中真正的神。

——勒布朗·詹姆斯

我现在身穿 3 号，包括我打球的风格，都是因为阿伦·艾弗森。

——克里斯·保罗

我一直都想成为阿伦·艾弗森。

——斯蒂芬·库里

艾弗森说过他想要成为乔丹，而我则想成为艾弗森。

——扬尼斯·阿德托昆博

番外

我愿称他

为侠客

用一本书去讲述艾弗森，这是前文的内容。换言之，这是球场上的艾弗森，亦正亦邪，有巅峰，也有低谷。当一切尘埃落定之时，还是想说说艾弗森这个人。球场上的艾弗森，我们有了答案，而生活中的艾弗森，我愿称他为"侠客"。

什么是侠客？他必然洒脱，甚至可能有些放荡不羁。艾弗森就是如此，他的经历决定了他的性格，也决定了他不平凡的生活。

算一笔账，艾弗森职业生涯薪资总额超过1.5亿美元，也就是大约10亿人民币。这是一个怎样的天文数字呢？如此多的钱，我不曾见过其中的百分之一，或许大多数读此书的人也是如此。但是这样一笔不菲的收入，在艾弗森那里，却成为他侠客的资本。

曾经有队友透露过艾弗森的一掷千金为欢场："他会扔很多的钱，那个时候我刚进联盟不久，我的口袋里真的没有过那么多的钱。"这位队友也承认，即便对艾弗森充满敬意，但他并不赞同这种挥金如土的用钱方式。

有不少NBA球星在成名之后会去夜场消费，但艾弗森在那里的消费明显高出其他人很多。或许对那时候的艾弗森来说，"千金散尽还复来"！

也曾经有媒体披露：艾弗森在球员时期基本上每个月都要花费1万美元购置新衣物，1万美元吃吃喝喝，还有1万美元用来支付其他杂七杂八的费用。这最后一项就是艾弗森的"跟班们"的开支。艾弗森很照顾他身边的"小弟们"，这群鱼龙混杂的闲杂人等最多时可以达到50人，而他们的起居消费全部由艾弗森承包。艾弗森看起来完全信任他身边的人，对银行却没有任何信心。他曾经把现金分装在几十个垃圾袋中，这些垃圾袋又分别散落在他的豪宅里。但是他的慷慨似乎也渐渐不足以满足他的"跟班们"的消费了，因为偶尔会有一个垃圾袋或两笔现金神秘失踪。

赛季	1996—1997	1997—1998	1998—1999	1999—2000	2000—2001	2001—2002	2002—2003
球队	费城76人	费城76人	费城76人	费城76人	费城76人	费城76人	费城76人
薪资（美元）	2,267,000	3,128,640	3,537,000	9,000,000	10,130,000	11,250,000	12,375,000

艾弗森 NBA 生涯薪资表

用于与三两好友豪饮吗？

据报道，艾弗森最为挥霍无度的事迹要数他的"机场之旅"。他有一次飞机落地后因为忘记了自己的车停在哪儿，直接到汽车经销店又购置了一辆。类似的事情发生在艾弗森身上是家常便饭。

还有一次，前NBA球员休斯看到艾弗森的一辆宾利后说："兄弟，我也要弄一辆这个车！"大方的艾弗森直接对休斯说："我的车给你用了。"而一辆宾利的价钱最低都要200万元人民币。

2011年，因为没有提供所有权证明，他开的兰博基尼被警方扣押。艾弗森猛烈抨击了这些警察，并说："我10年挣的钱比你们所有人都多！你们知道我是谁吗？拿走我的车吧，我还有十几辆！"

如上所述，种种类似的事迹导致艾弗森的财富大幅缩水，甚至一度被传破产。但相比一般人和普通球员，艾弗森还是拥有相当宽裕的生活。他进入联盟时选择的球鞋公司锐步是他最重要的贵人。双方在2001年签下的合同是有史以来最独特的代言合同，在这份终身合约里，锐步每年要向艾弗森支付80万美元，而艾弗森在2030年还将获得一笔价值3200万美元的信任基金。只要艾弗森稍微有些财务意识，这一大笔可观的收入足以支撑他余生的生活。

但以艾弗森"今朝有酒今朝醉，明日愁来明日愁"的性格，他会为了余生富足的生活而计算金钱、管理财务吗？答案依旧难料。

003—2004	2004—2005	2005—2006	2006—2007	2007—2008	2008—2009	2009—2010	2009—2010
费城76人	费城76人	费城76人	丹佛掘金	丹佛掘金	底特律活塞	孟菲斯灰熊	费城76人
13,500,000	14,625,000	16,453,125	17,184,375	19,012,500	20,840,625	161,386	1,029,794

阿伦·艾弗森
ALLEN IVERSON

别名：

答案、A.I.

国籍：

美国

出生地：

弗吉尼亚州汉普顿

出生日期：

1975 年 6 月 7 日

毕业院校：

贝泽高中、乔治城大学

身高：

1.83 米

体重：

75 千克

场上位置：

后卫

球衣号码：

3 号、1 号

NBA 选秀：

1996 年首轮第 1 位被 76 人队选中

效力球队：

76 人队、掘金队、活塞队、灰熊队、贝西克塔斯队

退役时间：

2013 年 10 月 30 日